Oma ist die Beste

Eine Kulturgeschichte der Oma

VERGANGENHEITS
VERLAG

Juliane Haubold-Stolle

Oma ist die Beste

Eine Kulturgeschichte der Oma

VERGANGENHEITS
VERLAG

Bibliografische Informationen der Deutschen Nationalbibliothek
Die Deutsche Nationalbibliothek verzeichnet diese Publikation in
der Deutschen Nationalbibliografie; detaillierte bibliografische
Daten sind im Internet über http://dnb.d-nb.de abrufbar.

ISBN 978-3-940621-05-4

Lektorat: Waltraud Greczmiel
Grafisches Gesamtkonzept, Titelgestaltung, Satz und Layout:
Stefan Berndt – www.fototypo.de

© Copyright 2009: Vergangenheitsverlag, Berlin
www.vergangenheitsverlag.de

Impressum

Inhalt

Einleitung:

Die idealisierte Oma

Wer kennt sie nicht? Die Oma mit den weißen Kräusellocken und dem selbst gebackenen Kuchen. Zärtlich, süß nach Lavendel duftend, ihr Gesicht zwar runzlig, aber mit rosigen, weichen Wangen, ein Inbegriff der Liebe und der Fürsorglichkeit, die mit ihren zittrigen Händen häkelt, dabei in ihrem Schaukelstuhl sitzt und ihren Enkeln Märchen erzählt. Das ist die Oma, wie sie im Buche steht – erst recht im Bilderbuch.

Zugleich wissen wir aber, dass Großmütter in vielen Berufen arbeiten – als Bankdirektorin wie als Verkäuferin, in ihrer Freizeit Sport treiben (von der Gymnastik bis hin zum Surfen), weit reisen, kurz: überaus aktive Frauen sind, nur selten mit weißen Kräusellocken auf dem Kopf.

Dennoch hält sich das Bild von der Schaukelstuhl-Oma hartnäckig. Wie ist es entstanden, welche Veränderungen durchlief das Rollenverständnis der Oma und wie sah die Lebenswirklichkeit der Großmütter aus? Das möchte die Kulturgeschichte der »Oma« nachzeichnen.

Natürlich gab und gibt es immer auch andere Omas. Und natürlich lag und liegt hinter jedem vordergründigen Bild eine komplexe Realität, die weit weg ist von jedem Ideal.

Wenn wir über die Rolle der Oma nachdenken, müssen wir uns auch mit den vielfältigen Beziehungen innerhalb der Familie und zwischen den Geschlechtern beschäftigen. Die Rolle der Oma ist ohne die entsprechenden Rollen für Väter und Mütter, Männer und Frauen nicht zu denken.

Großmutterschaft ist historisch wenig erforscht. Dabei haben Evolutionsbiologen und Anthropologen längst nachgewiesen, dass es die »Omas« sind, die den Evolutionsvorsprung der Menschheit bedeuten. Die Tatsache, dass Frauen relativ lange nach der Zeit ihrer eigenen Fruchtbarkeit weiterleben, um ihren Nachkommen bei der Ernährung und Pflege der Kinder zu helfen, hat sich als unschlagbarer Vorteil für die Entwicklung unserer Art und Kultur herausgestellt.[1] Nicht nur für so genannte »Naturvölker«, auch für Familien z. B. in Europa und Nordamerika lässt sich nachweisen, dass sie, wenn ihnen eine Großmutter mütterlicherseits hilft, mehr und gesündere Kinder haben.[2]

Die Bedeutung der Großmutter war den Menschen früherer Zeiten sehr wohl bewusst: Die reife Frau, mehrfache Mutter, auch Großmutter, wurde in der Urmutter der Steinzeit verehrt. So stellt vermutlich

Die Venus von Willendorf, die älteste
Frauendarstellung um 25.000 v. Chr.

auch die Venus von Willendorf, eine der bekanntesten Darstellungen der Muttergöttin der »Steinzeit«, eine Frau um 25.000 v. Chr. dar, die auch Oma war. Die in Österreich archäologisch ausgegrabene elf Zentimeter große Venusfigurine aus Kalkstein ist, das verdeutlichen ihre breiten Hüften und ihre schweren, hängenden Brüste, eine ältere Frau, die mehrfach Kinder geboren und genährt hat. Ihre kräftiger, rundlicher Körper zeigt, dass sie selbst auf reichlich Nahrung zurückgreifen kann. Die Körperfülle und die Zeichen, dass sie Kinder hatte, beweisen, dass sie eine erfolgreiche Frau und Mutter ist. Vermutlich ist die Venus nicht das Portrait einer einzelnen Frau – auch wenn ihr Erschaffer oder ihre Erschafferin sicher reale Frauen als Vorbild genommen hat –, sondern stellt die »große Mutter« dar, die Welternährerin, vielleicht in der Vorstellung der Urzeitmenschen auch die Weltgebärerin. Die Statuen wie die der Venus dienten wahrscheinlich dazu, die Göttin um Beistand, um Nahrung und Fruchtbarkeit zu bitten. Diese große Mutter der Steinzeit, die ihre Kinder und Nachfahren versorgte, steckt auch heute noch im Klischee von der Oma, die ihre Enkel mit deren Lieblingsspeisen, mit Kuchen und Süßigkeiten verwöhnt.

Die Familie, wie wir sie kennen, also das Zusammenleben von Mutter, Vater und Kindern, entstand im
Mittelalter. Natürlich gab es zuvor schon Frauen und
Männer und ihre Kinder. Und sie lebten auch schon
vorher zusammen, Familie umfasste aber weit mehr,
nämlich den Stammesverband, den Clan. Im Mittelalter
erst entwickelte sich die Vorstellung von der Familie
um die Verbindung von Mann und Frau herum. Zwar
blieb die Familie nicht auf die zwei beschränkt, sie umfasste den ganzen Haushalt und alle in ihm lebenden
Menschen, auch die nichtverwandten wie Knechte und
Mägde, Lehrlinge oder Schüler. Normalerweise heirateten Männern und Frauen jeweils nur einen Partner.
In dieser Zeit wurde die Einehe zum verbindlichen
europäischen Maßstab. Eine europäische Besonderheit

war dabei die relativ späte Eheschließung. Sie hing damit zusammen, dass die Familiengründung mit der Übernahme oder Gründung eines eigenen Haushalts einherging.[3] Männer und Frauen brauchten also eine wirtschaftliche Grundlage, um eine Familie gründen zu können.

Durch die späte Heirat ihrer Eltern und den relativ frühen Tod der Großeltern haben viele Enkelkinder im Mittelalter ihre Großeltern nicht bewusst erlebt. Zwar gab es auch nach der Eheschließung enge Kontakte zwischen Eheleuten und den Eltern und Schwiegereltern, teilweise lebten diese auch in der Nähe (etwa auf dem Ausgedinge oder Altenteil des Bauernhofes). Das Zusammenleben von Großeltern, Eltern und Enkeln war jedoch die Ausnahme und meist eine Übergangslösung für kurze Zeit. Selbst wenn ausnahmsweise Enkel und besonders langlebige Großeltern sich kennen lernen konnten, war ihre Beziehung nicht von großer Bedeutung. Enkelkinder wie Großeltern spielen in den uns überlieferten autobiografischen Schriften und auch in Familienbriefen aus dem Mittelalter kaum eine Rolle. Auch sprachlich wird dies deutlich. Im Mittelalter werden die Großeltern noch »Ahnen« genannt, die Bezeichnung »Großeltern« existiert noch nicht. Dennoch standen auch sie mit den Enkeln in Verbindung – bedeutet doch das Wort »Enkel« ursprünglich »der kleine Ahne«, Nachfahre der Großeltern. Erst im 16. Jahrhundert setzte sich die Bezeichnung »Großeltern« durch.[4] Die Bedeutung der Ahnen war den Familien des Mittelalters aber durchaus bekannt. Einzelne bedeutende Großmütter wurden ihren Enkeln als

Vorbilder überliefert: So die heilige Olga (ca. 881–969), die Großmutter des heiligen Wladimir von Kiew, oder Mathilde, die Großmutter des deutschen Kaisers Ottos II. und Mutter Ottos I., (ca. 895–968), die selbst wiederum im Herforder Frauenstift von ihrer Großmutter, der dortigen Äbtissin, erzogen worden war. Nach ihrem Tod übernahm ihre gleichnamige Enkelin die Leitung des Quedlinburger Stiftes.[5]

Auch außerhalb des Adels sind uns ähnliche Fälle bekannt. So erzog etwa die Großmutter Philipp Melanchthons (1497–1560), Elisabeth Reuter (gest. 1518), ihren Enkel nach dem Tod seines Vaters. Die Großmutter übernahm also ausnahmsweise die Aufgabe, das unmündige Enkelkind zu erziehen. Die allermeisten Frauen im ausgehenden Mittelalter aber waren, wenn sie durch eines ihrer älteren Kinder zur Großmutter wurden, selbst noch aktiver Haushaltsvorstand und für eigene unmündige Kinder verantwortlich. Selbst wenn Enkelkinder die Großmutter noch erlebten, so hatte diese wenig Zeit für eine besondere Zuwendung zu den Enkeln. Den ersten Platz in der Fürsorge der Großmutter nahmen immer noch ihre eigenen Kinder ein. Nur langsam veränderte sich dann diese Beziehung.

Das Aufkommen der Verehrung der Heiligen Anna im Spätmittelalter lässt vermuten, dass Großmütter verstärkt wahrgenommen wurden.

In der heiligen Anna (der Mutter Marias) wurde mit der Großmutter Jesu eine Frau verehrt, die in ihrer Mutterschaft und Fürsorge als vorbildlich galt. Laut Legende war auch die Jungfrau Maria schon ohne Erbsünde empfangen worden. Dennoch war Anna im

Die heilige Anna – Vorbild für Mütterlichkeit und Fürsorge, prägte stark die Rollenerwartung an Frauen und
auch Großmütter, Darstellung frühes 16. Jahrhundert

Vergleich zu Maria deutlich diesseitiger, bodenständiger, den »normalen«, nicht heiligen Frauen und ihrem Leben näher. Anna war das Symbol für eine immerwährende Mutterliebe und Zärtlichkeit, auch als Großmutter. Die heilige Anna wurde und wird sehr häufig in ihrer unterstützenden und tragenden Rolle dargestellt: als »Anna selbdritt«, die ihre Tochter Maria auf dem Arm trägt, die wiederum ihren Sohn Jesus in den Armen hält. Die Großmutter trägt Mutter und Enkelkind.

Die heilige Anna ist damit eine der ersten Darstellungen einer helfenden, unterstützenden Großmutter. Es scheint, als ob die Familie der heiligen Anna, die Familie Christi, den Familienvorstellungen des späten Mittelalters und der frühen Neuzeit entsprach. Anna stand trotz ihrer Heiligkeit dabei auch als Rollenbild für eine Großmutter und Mutter, die fest im Diesseits verwurzelt war. Damit konnte sie ein Vorbild für all die Frauen sein, die das Leben als Mutter und Großmutter und nicht das auf das Jenseits gerichtete Leben einer Nonne gewählt hatten.[6]

Ihre größte Verbreitung erfuhr die Verehrung der Großmutter Anna erst im 16. Jahrhundert, also in der frühen Neuzeit. Vielerorts entstanden Annenkapellen, so etwa in Schlesien auf dem St. Annaberg.[7] Auch der Reformator Martin Luther soll während seiner Todesangst im Gewitter auf freiem Feld die heilige Anna als Schutzpatronin angerufen haben.[8]

In den folgenden Jahrhunderten hatte Martin Luther aber selbst einen großen Einfluss auf die Rolle der Großmutter. Die Reformation verstärkte Tendenzen der Individualisierung und Privatisierung, die sich bereits seit dem Ende des Mittelalters in Europa entwickelt hatten. Familie und Erwerbsleben begannen, sich voneinander zu trennen. Familie wurde mehr und mehr als ein eigener Lebensteil verstanden, ein privater Raum, der nicht mit dem Erwerb verbunden war. Menschen galten zunehmend als Individuen, nicht mehr nur als Teil der Gemeinschaft.

So veränderte sich als Folge der Reformation – selbst in katholischen Gebieten – die Rolle der Frauen. Luther interpretierte die Familie als Kernzelle der Gesellschaft. Aus ihr leitete er alle gesellschaftlichen Strukturen ab. Und er schaffte die Ehe als Sakrament ab. Damit verlor die Ehe einen Teil ihrer religiösen Bedeutung und es wurde Ehescheidung denkbar. Gleichzeitig erhielten das Eheleben, die Familie und die Lebensgestaltung als Mutter und Hausfrau durch Luthers Schriften eine Wertschätzung, die vorher in dieser Weise nicht existiert hatte. Frauen wurden durch die Reformation zwar stärker als zuvor auf den Haushalt verwiesen und verloren Möglichkeiten, ihr Leben außerhalb des Hauses zu gestalten. Andererseits aber wurde die Tätigkeit der Mutter höher gewertet als je zuvor und mit religiösen Verpflichtungen verbunden. Auch stieg in der Folge der Reformation – und der Reaktionen darauf in den katholischen Gebieten Europas – die Alphabetisierung der Frauen stark an. Die Bildungschancen für Mädchen erhöhten sich zaghaft. Die Erziehung der Mädchen – in Religion, Haushaltsfragen und Bildung – lag in den Händen der Frauen, häufig auch der Großmütter.

Allerdings gehörten auch in der frühen Neuzeit zur Familie weiterhin alle im Haushalt lebenden Menschen

(Knechte und Mägde, Schüler und Lehrlinge). Familie war daher weiterhin nicht nur eine Angelegenheit des Einzelnen, sondern vielmehr der wirtschaftlichen und gesellschaftlichen Organisation. An der Familie hingen in der frühen Neuzeit wie im Mittelalter die Besitzverhältnisse. In und mit der Familie wurde gearbeitet, ob auf dem Bauernhof, im Handwerksbetrieb, im Handelshaus oder auch beim Professor an der Universität. In der Regel lebten die Großmütter (und -väter) nicht im Haushalt ihrer Enkel. Die durchschnittliche Haushaltsgröße lag in Europa bei 4,75 Personen, das waren die Eltern, die Kinder und in der Regel Bedienstete bzw. Mitarbeitende.[9]

Großelternschaft war auch im 16. und 17. Jahrhundert nicht sehr weit verbreitet. Nur 10 Prozent der Menschen in Mitteleuropa erreichten das Großelternalter. Zu Lebzeiten wurden also nur wenige Mütter noch zu Großmüttern. Beispielsweise kannte Albrecht Dürer zwar die Namen seiner Großeltern, er hat sie aber nie persönlich kennen gelernt. Auch wenn Großmütter und Enkel noch eine Weile gemeinsam lebten, so blieb die hauptsächliche Bindung weiterhin die zwischen Kindern und Eltern. Dürer ist es wichtig, dass er sich um seine »alte Mutter« kümmert.[10] Auch aus anderen Autobiografien von Menschen dieser Zeit wird eine ähnliche Beziehung zu der alten Mutter deutlich. Der Vater habe von ihm verlangt, so schreibt ein Kölner Bürger, dass er nach seinem Tod »seiner Mutter die Hand überm Haupte halten solle«.[11] Eine enge Beziehung bestand also zwischen Eltern und Kindern, nicht aber zwischen Großeltern und Enkeln.

Großmütter, ja Großeltern überhaupt, kommen in den autobiografischen Schriften aus dieser Zeit so gut wie nicht vor. Wenn wir uns in Literatur und Volkskultur umsehen, stellen wir fest, dass ältere Frauen am häufigsten als Betreuungsfall oder gar als »Hexen« dargestellt werden.

Eine prestigeträchtige oder hervorgehobene Rolle war »Großmutter-Sein« in der frühen Neuzeit nicht. Alte Frauen, die keinen eigenen Haushalt mehr führten, galten als unproduktiv und nutzlos oder gar gefährlich, wie die Hexen im Märchen. Nicht nur, dass die alten Frauen krumm, hässlich und warzengesichtig dargestellt werden, sie sind auch abgrundtief böse und besonders für Kinder lebensgefährlich, wie die Hexe bei »Hänsel und Gretel«, die Hänsel fressen will.

Auch die Großmutter wird manchmal so bedrohlich dargestellt, etwa im italienischen Märchen »Die falsche Großmutter«, in der sich die Großmutter ebenfalls als Menschenfresserin entpuppt, oder die liebe Großmutter im Wald im Märchen »Tüschele Marüschele«, die sich später als bösartig herausstellt und das junge Blut der Kinder trinken will.[12] Selbst die liebe Großmutter von Rotkäppchen verkörpert diesen Aspekt einer bedrohlichen alten Frau, denn die Großmutter verschlingt ja als Wolf dann das Mädchen.

Es gab jedoch auch in der frühen Neuzeit wieder Ausnahmen, also Großmütter, die Kontakt zu den Enkeln hatten und ihn pflegten. Eine frühneuzeitliche Großmutter, die durch ihre Kinder engen Kontakt zu ihren Enkeln hatte, war Fürstin Sophie von Hannover. Sie hatte ihre Kinder in Mitteleuropa gut verheiratet

oder von den Hexen.

Alte Frauen wurden in der Volkskultur bis ins 17. Jahrhundert hinein oftmals als Betreuungsfall oder auch als Hexen dargestellt, 1516

Fressende alte Frau – im Märchen Hänsel und Gretel wird die alte Frau zur existentiellen Bedrohung, Illustration von Ludwig Richter um 1900

und damit auch ihre Enkelkinder versorgt. Besonders engen Kontakt hielt sie zu ihrer Tochter Sophie Charlotte, der Kurfürstin von Preußen. Ihre Enkel Friedrich Wilhelm (der spätere »Soldatenkönig«) und ihre Enkelin Sophie Dorothea lebten eine Zeitlang am Hof ihrer Großmutter. Beide kannten und erlebten also ihre Großmutter. Dennoch spielen die Enkel in den Memoiren der Fürstin oder in ihren Briefen keine Rolle. Sie waren als Abkömmlinge einer adligen Familie vor allem eine wichtige Ressource, um die Familie weiter voranzubringen. Sophie von Hannover wurde durch ihre Kinder und Kindeskinder die Stammmutter der britischen Königsfamilie sowie zur Großmutter des Soldatenkönigs und Urgroßmutter Friedrich II. von Preußen.

Eine enge, gar liebevolle oder herzliche Beziehung zwischen der Großmutter und ihren Enkeln und Enkelinnen ist nicht erkennbar – doch wissen wir zu wenig, um sie auszuschließen.

Verwandtschaftsbeziehungen dienten in der frühneuzeitlichen Gesellschaft dem gegenseitigen Nutzen und sicherten das ökonomische Fortkommen – oder schlichtweg das Überleben. Eine erfolgreiche Mutter und Großmutter wusste durch gezielte Eheschließungen ihrer Kinder den Enkeln einen guten Start ins Leben zu ermöglichen und zugleich mit diesen neuen Kontakten die eigene gesellschaftliche Position zu sichern oder zu verbessern.

Dieses Bemühen ist auch bei einer weiteren Ausnahme-Großmutter aus einer anderen Schicht zu erkennen: Glückeln von Hameln, eine jüdische Händlerin, die im

17. Jahrhundert lebte, war nach dem Tod ihres Mannes die Versorgerin der Familie. Sie hielt nach der Verheiratung ihrer Kinder ebenfalls den Kontakt – freilich aufgrund der Mutter-Kind- und nicht der Großmutter-Enkel Beziehung. Das lag vermutlich auch daran, dass Glückeln, als ihre älteren Söhne und Töchter schon verheiratet waren und Kinder bekamen, selbst noch eine unmündige Tochter im Haushalt hatte.

Das Schicksal der Brauersfrau Apolonia Heflin, die nach dem Tod ihrer Mutter seit ihrem siebten Lebensjahr bei ihrer Großmutter lebte, war ebenfalls ein Sonderfall.[13] Großmütter wurden erst dann zur Auffangstation für die Enkel, wenn Tanten und Onkel die Kinder nicht aufnehmen konnten.

In Anbetracht der fehlenden Kommunikationsmöglichkeiten bedeutet das Aus-dem-Haus-Gehen der Kinder zu Ausbildungs- und Erwerbszwecken, das im westlichen Mitteleuropa die Regel darstellte, einen Abschied für längere Zeit oder gar für immer. Bestand die Möglichkeit zu reisen oder zu schreiben, so blieb der Kontakt zu den Kindern bestehen. Wir wissen aus Gerichtsakten über Ehestreitigkeiten, dass auch in der Ehe Männer und Frauen, vor allem jedoch die Frauen, engere Kontakte zu ihrer Herkunftsfamilie pflegten.[14] Selbst dann aber wurde die Großmutter keine prägende Figur für die Enkel. Wir wissen zwar durch Autobiografien und Briefe, dass auch die Familien der Frühen Neuzeit nicht allein durch ökonomische Überlegungen, sondern auch durch Liebe zusammengehalten wurden. Großmütter aber waren daran hauptsächlich in ihrer Rolle als Mütter beteiligt.

Noch eine gefräßige Alte: Der Wolf verkleidet als bettlägrige Großmutter. Illustration zum Märchen »Rotkäppchen«, um 1900

Sophie von Hannover als 76jährige Frau, Portrait von 1706

Die Erfindung der Großmutter im 18. Jahrhundert

Im 18. und 19. Jahrhundert konnten Großmütter ihre Enkelkinder häufiger erleben, vor allem deshalb, weil Frauen im Bürgertum früher heirateten, nicht mehr mit Mitte, sondern zunehmend mit Anfang zwanzig. Enkelkinder konnten so ihre Großmütter – zumindest mütterlicherseits – kennenlernen, wurden diese doch nun häufig schon zwischen vierzig und fünfzig Oma. So war beispielsweise Goethes Großmutter mütterlicherseits bei seiner Geburt erst so alt wie sein Vater. Noch bedeutender für die Rollenvorstellung der »Oma« aber war, dass sich die Vorstellungen vom Menschen und von der Familie veränderten. Das Individuum rückte in den Mittelpunkt des Interesses und der Weltsicht und bestimmt zukünftig immer mehr die politische und ökonomische Organisation in der westlichen Welt.

Im 18. Jahrhundert, dem Jahrhundert der Aufklärung und der französischen Revolution, trennte sich das »private« Leben immer stärker vom öffentlichen Leben. Die Öffentlichkeit wurde dabei als ein Raum der Staats- und Wirtschaftsangelegenheiten definiert, der den Männern vorbehalten war, das private Leben wurde zur weiblichen Sphäre. Zwar griff gerade die französische Revolution mit ihren politischen Ansprüchen direkt in die Familie ein – so etwa durch die Zivilehe und die Möglichkeit der Ehescheidung – aber zugleich ist sie es, die die Rollenverteilung zwischen Mann und Frau noch stärker festlegte. Den Männern gehörten auch nach der Revolution der öffentliche Raum, die Individualrechte und die Politik, den Frauen das Haus und die Familie. Seit der zweiten Hälfte des 19. Jahrhunderts waren in dem sich formierenden Bürgertum die ökonomischen und sozialen Voraussetzungen für eine Umsetzung dieser Familienvorstellung in die Realität gegeben. Auf dem Land und in den Unterschichten veränderte sich wenig: Die Bäuerinnen lebten weiterhin auf dem Hof, versorgten Vieh, Garten und Haushalt, erzogen die Kinder. Sie machten den größten Teil der Frauen in Mitteleuropa aus. In den bäuerlichen Familien beteiligten sich auch die Großmütter an der Erwirtschaftung des Familienunterhalts. Dabei ist auffällig, dass es für das Überleben der Enkel sehr viel günstiger war, wenn die Großmutter mütterlicherseits mit im Hause oder in der Nähe lebte und die Familie unterstützte. Die Anwesenheit der väterlichen Großmutter, so die Ergebnisse einer Studie über Dörfer auf der Krummhörn an der Nordseeküste, führte im Gegenteil dazu, dass mehr Enkel im ersten Monat ihres Lebens starben.[15] Können wir daraus schließen, dass das Vorurteil der bösen Schwiegermutter auf der jahrhundertelangen Erfahrung von Ehefrauen beruht? Oder ist die Pflege der Enkelkinder davon abhängig, ob die Großmütter mit absoluter Sicherheit wissen, dass die Enkel wirklich von ihnen abstammen – und dessen können sich die Mütter des Vaters eben nie sicher sein, solange sie keinen Gentest zur Verfügung haben? Auch heute noch haben Großmütter mütterlicherseits mehr Kontakt zu ihren Enkelkindern als die Mütter der Väter …[16]

Mit der Veränderung der Struktur des Erwerbslebens wurden auch philosophisch die Gefühle vor den Nutzen der Beziehungen gestellt. Häusliche Gemeinschaft und die innige Zuneigung zwischen Eltern und Kindern wurden entdeckt, beschrieben und eingefordert. Kinder wurden zum ersten Mal als selbstständige, einzigartige Personen beschrieben, deren natürliche Freiheit (Rousseau) die Eltern zu schützen und zu respektieren hätten. Zugleich ging das aber auch mit der literarischen und politischen »Polarisierung« von bestimmten »Geschlechtscharakteren« (Karen Hausen) einher – Männer als tapfer, stark, handelnd, Frauen als tugendhaft, treu und emotional.

Auch die Oma wird Teil einer liebenden und liebevollen Familie, für deren emotionale Aufrechterhaltung die Frauen zuständig sind, deren Chef aber der Mann bleibt. Großmütter kümmern sich nun um die kulturelle Erziehung und Bildung der Enkel, besonders der Enkelinnen. Junge Mädchen wurden häufiger für einige Zeit zur Großmutter geschickt, um dort zu lernen, wie man arbeitet und gottesfürchtig lebt.[17]

Weiterhin lebten Großeltern und Enkel meist in verschiedenen Haushalten, oft auch an verschiedenen Orten. Im 18. Jahrhundert wurden indes auch mehr und mehr alte Frauen von ihren Kindern in den Haushalt aufgenommen, da sie seltener als früher wieder heirateten. Die Fürsorge für die Alten der Familie war daher ebenso Bestandteil des neuen Familienideals wie die Versorgung der Kinder. Die Mütter der erwachsenen Kinder wurden aber auch als Großmütter wahrgenommen.[18] Großmütter und Enkel entwickelten eine besondere eigene Beziehung. So erinnerte sich der Schriftsteller Jean Paul an seine Großeltern, die die Familie ihrer in der Stadt lebenden Tochter mit Lebensmitteln unterstützten. Auch in anderen Autobiografien bekommen die Großeltern inzwischen ihren Platz.[19]

»Großmutter werden« und »Großmutter sein« wurden als wichtige Station im Leben der bürgerlichen Frauen dargestellt. Wenn man Bilderzyklen zum Lebenslauf von Frauen, wie dem von Daniel Chodowiecki (1793), Glauben schenken darf, wurde die Großmutterschaft sogar zum wichtigsten und längsten Teil des erwachsenen Lebens bürgerlicher Frauen.

Einzelne Frauen übernahmen schon die neue Großmutterrolle, die sich als Leitbild im 19. Jahrhundert durchsetzen sollte. Sie begannen, ihre Gefühle für die Enkel auszudrücken und aufzuschreiben. Goethes Mutter, Katharina Goethe (1731–1808), schrieb über ihren Ärger, dass sie – wegen der Unehelichkeit des Sohnes von Christiane Vulpius und Goethe – »mein Enkelchen nicht darf ins Anzeigenblättchen setzen lassen«.[20] Sie betonte aber zugleich, wie sehr sie sich über die

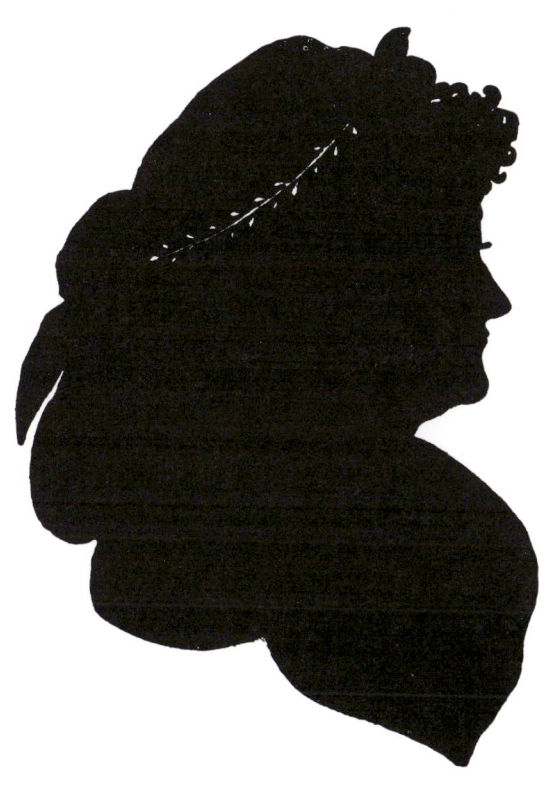

Silhouette der 74jährigen Katharina Goethe (von 1805), Mutter Johann Wolfgang von Goethes

Geburt des Enkels freue. Zu Weihnachten bekam der kleine August von seiner Großmutter Geschenke. Sogar Urgroßmutter wurde Katharina Goethe noch und klöppelte für ihr Urenkelkind Spitzen. Damit verhielt sich Katharina Goethe schon als »neue« Großmutter, die Enkelkind und Urenkelkind als etwas besonders Liebenswertes schätze und das auch zum Ausdruck brachte.

Mit der Industrialisierung veränderte sich bei Arbeitern und Handwerkern die Familien. In vielen Regionen entwickelte sich ein häusliches oder nachbarschaftliches Zusammenleben mit den Großeltern erst durch die Vor- und Frühindustrialisierung, die ein früheres Heiratsalter ermöglichte, ja sogar bedingte.[21] Mit der Erwerbsstruktur veränderten sich auch die Beziehungen zwischen den Generationen. Durch die frühen Verdienstmöglichkeiten der Kinder wurde die Autorität der Eltern – auch was Eheschließungen anging – geschwächt. Gleichzeitig war Zusammenarbeit mehr denn je unumgänglich, um zu überleben. So blieben die allermeisten Heimatarbeiter in der Nähe ihrer Eltern. Zugleich wurden auch uneheliche Kinder nun häufiger von den Großeltern, meist den Großmüttern, aufgezogen. Diese konnten aufgrund ihres Alters meist nur noch teilerwerbstätig sein, waren aber noch in der Lage, auf die Kinder aufzupassen. Die jüngere Frau, die Mutter, musste dann mit voller Arbeitskraft den Lebensunterhalt der Familie verdienen.

Die bürgerliche Familie als Ideal:

Das 19. Jahrhundert

Das 19. Jahrhundert erwies sich als die prägendste Zeit für die Rolle der Großmutter. In Europa zogen sich die Menschen nach dem Abenteuer des politischen Aufbruchs von 1789 (französische Revolution) und den Napoleonischen Kriegen ins Privatleben zurück. Besonders das Bürgertum sehnte sich angesichts einer desorientierenden Gegenwart nach der patriarchalischen Beschaulichkeit des Familienlebens. Diese Wendung, im Deutschen mit Biedermeier bezeichnet, bedeutete zugleich eine Verfestigung der schon im 18. Jahrhundert angelegten Aufteilung der Welt in männliche (öffentliche) und weibliche (private und familiäre) Sphäre. Das Familienleben wird als Idylle inszeniert, als Schonraum gegenüber der Welt »draußen« idealisiert. Diese bürgerlichen Familienvorstellungen setzen sich so sehr

Großmutter mit Haube, um 1900

als Standard durch, dass sich in Großbritannien auch Königin Victoria als bürgerliche Ehefrau und Mutter inszenieren musste.

Im 19. Jahrhundert setzte sich die gefühlsbetonte, fürsorgliche Beziehung der Großmutter zu den Enkeln als Ideal durch – teilweise auch in der Realität. Ein bestimmtes Bild der bürgerlichen Großmutter entwickelte sich nun: Die weißhaarige Oma, auf dem Kopf eine Haube oder ein Kopftuch, eine Brille auf der Nase, die ihre Enkelkinder auf dem Schoß hält und ihnen erzählt oder vorliest.

Großmütter sorgten für die Enkel und sprangen ein, wenn sie zur Unterstützung der Familie gebraucht wurden. In der Mittel- und Oberschicht konnte das Alter jetzt als Ruhestand erlebt werden. Großmütter lebten länger und auch häufiger in der Familie ihrer Enkel. Im Familienideal der bürgerlichen Familie war zwar die Mutter der Kern und Motor der Familie, die Mutterrolle schloss jedoch die Oma mit ein. Sie übernahm einen Teil der Betreuung der Enkel. Ihre Domäne war insbesondere die Überlieferung von Haushaltswissen, Handarbeiten wie Stricken und Sticken sowie Familiengeschichte an die Enkelinnen.[22]

Lebten die meisten Großmütter zwar auch im 19. Jahrhundert nicht mit im Haushalt der Enkel, sondern führten einen eigenen, wurden sie dennoch von ihren Töchtern in die Erziehung der Enkel mit einbezogen. Illustriert wird dies durch das Bild »Der Leseunterricht« von Max Liebermann (1900). Die Oma war bekannt für ihre große Nachgiebigkeit und ihre (fast übertriebene) Frömmigkeit: Kirchenbesuche, Gebete, fromme Lieder wurden von den Enkeln immer mit der Oma verbunden. »Herzensgüte, übermäßige Nachgiebigkeit sowie Frömmigkeit«[23] bildeten so das Muster für das in den Augen der Zeit richtige Oma-Verhalten. Friedrich Bruch aus Pirmasens erinnerte sich an seine, um 1800 mit im Elternhaus wohnende Großmutter: »Ich war meiner Großmutter Liebling und musste in ihrem Zimmer schlafen. Hier las sie mir oft aus Starks Gebetbuch den Abendsegen vor ... Hundertmal hat sie mir die Geschichte der Genoveva [...] erzählt. Die vielen kleinen Volkslieder, die sie aus ihrer Kindheit her [...] mitgebracht hatte, sang sie mir gern vor, bis ich sie auswendig wusste. [...] Aus lauter Zärtlichkeit verweichlichte sie mich. Doch verdanke ich ihr, dass ich gern zu Hause war und arbeitete«.[24] Die übergroße Liebe als Kennzeichen der Großmutter führte auch zur Kritik, dass sie die Enkel »verziehe«.

Die bürgerliche Oma war mehr und mehr eine vertiefte Variante der Mutter. So ist die Großmutter auch auf dem »Gruppenbildnis der Familie Waller« der Malerin Barbara Kraft (1764–1825) nicht nur die einzige, die ein Kind auf dem Schoß hat, sie sitzt auch in der Mitte des Bildes. Die Großmutter wird zur idealen Mutter, zum Inbegriff der mütterlichen Liebe, die der Schweizer Schriftsteller Karl Spitteler (1845–1924) so beschreibt: »Eine ruhige, stetige Liebe ohne Trübung, glücklich lachend, herzjauchzend«.[25] Spittelers Erinnerungen entsprachen ganz dem, was die bürgerliche Gesellschaft von der Oma erwartete.

Mit dem bürgerlichen Familienideal ging auch die Vorstellung einer, dass »früher« die Großfamilie eng und friedlich zusammengelebt habe, wie es z. B. Gustav Schwabs Gedicht »Das Gewitter« (1842) ausdrückt: »Urahne, Großmutter, Mutter und Kind in dumpfer Stube beisammen sind«. Die Vorstellung von der vormodernen Großfamilie war Ausdruck des Wunschbilds der bürgerlichen Familie. Inszeniert und gefeiert wurde dieses Wunschbild anlässlich der Geburtstage der Großeltern. Das Wunschbild prägte aber auch die Wissenschaft. Erst in der zweiten Hälfte des 20. Jahrhunderts begann man, hinter die ideologische Fassade zu blicken.

Auch im 19. Jahrhundert blieben Erwerbstätigkeit und Privatleben stärker miteinander verbunden, als es das Bürgertum wahrhaben wollte. Eheschließungen und Freundschaften dienten auch weiterhin der finanziellen Absicherung der eigenen Familie. Dadurch blieben Frauen, Mütter wie Großmütter, indirekt beteiligt an der Erwerbstätigkeit. Durch Briefe hielten sie Kontakt innerhalb eines großen Beziehungsnetzwerkes, das nicht nur der gefühlsmäßigen, sondern auch der ökonomischen Verbindung diente.

Die berühmteste Oma der Literatur des frühen 19. Jahrhunderts ist vermutlich eine Märchenoma. Von Anfang an wird die besondere Beziehung zwischen Enkelin und der Oma herausgestellt, die dem Mädchen auch die Kappe schenkte, die aus ihm das Rotkäppchen machte.[26] Aufgeschrieben von Charles Perrault schon im 17. Jahrhundert, in Deutschland durch die Märchensammlung der Brüder Grimm weit verbreitet, zeigt das Märchen den fürsorgenden und engen Kontakt zwischen den Generationen. Die kranke, bettlägerige Großmutter wird von ihrer Enkelin mit Geschenken besucht. Das Mädchen geht gern, denn es liebt seine Oma. Rotkäppchen ist bei weitem nicht die einzige Enkelin, die zur Pflege ihrer Großmutter eingesetzt wurde. Auch Friederike (1756–1835), die Großmutter von Charlotte Zeller (1815–1899), einer frommen pietistischen Frau, die Lebensbilder ihrer Vorfahrinnen geschrieben hat, wurde zur Pflege ihrer Großmutter in deren Haus geschickt. Dort sorgte sie nicht nur für die Großmutter, sondern sie wurde von ihr auch in haushalterischen Dingen unterrichtet.[27]

Die Großmutter kam nicht nur selbst im Märchen vor. Geschichten aller Art, Märchen, biblische Geschichten, Gruselgeschichten und natürlich Familienerinnerungen wurden zu einem Markenzeichen der Oma: »Wir hockten recht gern bei ihr, sie konnte wunderbar gruselige Geistergeschichten erzählen. Sie war sehr fromm und erzählte viel von bösen Menschen, deren Seele verlorenging, wie sie sagte. ... Mit offenem Mund hörten wir der Erzählung zu...«[28], erinnert sich eine Enkelin.

Im 19. Jahrhundert entstanden außerdem die Legenden um die Kochkünste der Großmütter, so in Frankreich die von der guten Konfitüre der »Bonne-Maman« (Großmutter). Die Zubereitung von Speisen für die Kinder und Enkel wird und bleibt eine Spezialität der Großmutter der Neuzeit. Hier ging häufig die Liebe durch den Magen und die Speisen knüpften ein ganz besonderes Band zwischen Enkeln und Großmüttern.

Seit dem 19. Jahrhundert wurden zunehmend auch Großmütter in der Erinnerung der Enkel oder in ihrer künstlerischen Produktion erwähnt. Die Großmutter

Babicka – eine Hymne auf die heile Welt der Großmütter. Illustration für das 1855 erschienene Buch von Božena Němcová

Illustration für das Buch Babicka von Božena Němcová

von Marcel Proust lebt in seinem Romanzyklus, der »Suche nach der verlorenen Zeit« (Proust 1913–1927) bis heute weiter. Einer der berühmtesten tschechischen Romane ist der Großmutter der Autorin gewidmet: Babicka (1855), in dem Božena Němcová (1820–1862) ihre idealisierten Erinnerungen an die Kindheit um die Figur ihrer weisen, gütigen und liebevollen Großmutter Magdaléna Novotná rankt. Sie entspricht in Liebe wie Frömmigkeit voll und ganz dem Idealbild der Großmutter des 19. Jahrhunderts: »Von der ersten Stunde an hatte Großmutter die Herzen ihrer Enkel gewonnen...«[29]

Es gab jedoch auch im 19. Jahrhundert Großmütter, die sich nicht dem Ideal entsprechend verhielten. So erzog die Schriftstellerin Sophie von La Roche (1731–1807) – die mit »Fräulein von Sternheim« (1771) einen der ersten deutschen Frauenromane geschrieben hatte – ihre Enkelin Bettina, die spätere von Arnim.

Hier gab anscheinend die Oma nicht nur ihr Talent, sondern auch ihren Mut zu Neuem weiter. Denn auch Bettina von Arnim war eine sehr aktive Frau, die nicht nur in ihren literarischen Werken einen eigenen künstlerischen Ausdruck fand, sondern sich auch politisch äußerte, bis in ein Alter, da sie sich als Oma hätte zurückziehen können. Ihr Einsatz für die schlesischen Weber, für die exilierten Polen, für die Cholerakranken in Berlin schockierte ihre Kinder so, dass sich einige als Erwachsene gar von ihr distanzierten.

Die Frauenrechtlerin Hedwig Dohm (1831–1919) trug kurze Haare statt eines Dutts und war politisch bis an ihr Lebensende engagiert.

Mein Schreibetisch.

von
Sophie von La Roche.
an Herrn H. R. P. in D.

erstes Bändchen.

Leipzig 1799.

bey

Links: Bettina von Arnim als junge Frau. Rechts: Hedwig Dohm (1831–1919) – einmal mit langen Haaren

Sie war die Großmutter von Katia Pringsheim, der Frau von Thomas Mann, der seine Schwiegeroma durchaus kritisch sah, eben weil sie nicht dem Idealbild der Großmutter entsprach.[30] Doch zwischen Hedwig Dohm, Hedwig Pringsheim und Katia Mann existierte ein generationenübergreifendes Band der gegenseitigen Unterstützung, das für den Zusammenhalt der bürgerlichen Frauen in der mütterlichen Linie typisch ist. Es gab auch im Bürgertum Großmütter, die ihre Familien ernährten: Ein prominentes Beispiel dafür ist die »Witwe Clicquot«, die unter eigenem Namen die Champagnerproduktion ihres verstorbenen Mannes zu Weltruhm führte.

Die Mehrheit der Großmütter konnte allerdings nicht wählen, ob sie dem Ideal entsprechen wollte oder nicht. Sie musste sich am Familienerwerb beteiligen. Sowohl auf dem Land – auf dem im 19. Jahrhundert immerhin 80 Prozent der europäischen Frauen lebten – als auch im städtischen Proletariat war die Beteiligung der Frauen am Erwerb lebensnotwendig.

Arbeiterfamilien konnten das Mittelschichtideal der Trennung von Frauen- und Männerarbeit mit der dazugehörigen Großmutterrolle nicht realisieren. Um die Miete bezahlen zu können, nahmen viele Familien Untermieter oder Schlafburschen auf, so dass auch Nichtverwandte in der Familie lebten. Die Oma war in der Zeit der Hochindustrialisierung eine zum Überleben notwendige Hilfe der Arbeiterinnen. Sie war Teil der Überlebensstrategie des Proletariats. Die Großmutter unterstützte die Arbeiterfrau am zuverlässigsten durch Geld und Hilfe in der Kinderernährung. Um 1900 reichte der Arbeitslohn der Arbeiter meist nicht aus, um die Familie zu ernähren. Die Mitarbeit von Frauen und Kindern, vor allem durch Heimarbeit, war die notwendige Folge. Auch war in einer Welt, in der die Ehemänner immer wieder von Arbeitslosigkeit bedroht waren, die Arbeitsbedingungen ihrer Zeit nicht überlebten oder aber sich der Unterhaltspflicht entzogen, die Unterstützung der Großmütter für das Überleben der Enkel von enormer Bedeutung. Wenn es irgendwie ging, bezogen Großeltern eine eigene Wohnung in der Nähe der Enkelkinder. Großmütter betreuten die Kinder ihrer Töchter, wenn diese arbeiteten. Auch andere alte Frauen übernahmen die Betreuung von Kindern, um sich nach dem Zeitraum ihrer eigenen vollen Erwerbstätigkeit Geld zu verdienen. Zugleich wurden alte Menschen, die nicht mehr produktiv arbeiten konnten, in den Städten als soziales Problem stärker wahrgenommen. Die Einrichtung von Pflegeheimen für Alte war daher auch eine frühe Forderung der Arbeiterbewegung.

Auf dem Land war auch die Versorgung unehelicher Kinder durch die Großmütter üblich, besonders in Österreich, wo strenge Ehegesetze Heiraten zwischen besitzlosen Menschen verhinderten. Hier wuchsen viele Enkel ganz oder für einen Teil ihrer Kindheit bei ihren Großmüttern auf, obwohl auch diese selbst immer noch für ihren Lebensunterhalt arbeiten mussten und meist auch nicht viel Besitz hatten. So schreibt Franz Obergottsberger, der 1895 als uneheliches Kind einer Bauernmagd in Österreich geboren wurde und der bei seinen Großeltern aufwuchs, in seinen Lebenserinnerungen: »Als ich noch nicht gehen konnte, nahm mich die Großmutter im Kinderwagen mit, wenn sie irgendwo als Tagelöhnerin arbeitete. Es war für sie nicht leicht, schon zeitig in der Früh den Kinderwagen vor sich herzuschieben, besonders auf den schlechten Bauernstraßen musste sie sich plagen. Müde kam sie an, und dann ging die harte Arbeit den ganzen Tag bis Sonnenuntergang durch. Die anderen rasteten, sie aber musste den Rückweg antreten und dann noch die Milch für mich holen und abkochen. Und doch hat sie alles geduldig und ohne Murren getan [... nämlich unter ihrem Motto] ›In Gottsnam‹‹[31] Nicht nur Franz Obergottsberger, sondern viele dieser Enkel erinnern sich mit großer Liebe und Dankbarkeit an die harte, aufopferungsvolle Arbeit der Großmütter und an ihre Fürsorge und Liebe. Besondere

Speisen, die vielen Geschichten und Lieder, die alltäglliche Frömmigkeit und der Aberglaube der Großmütter werden als Kennzeichen der Oma erinnert. Gekleidet waren diese einfachen Frauen meist in dunkle Kleider, mit Schürzen, immer trugen sie Kopftücher, zum Kirchgang am Sonntag dann ein besonders schön gefaltetes oder besticktes. Ein Bild, das bis heute nachwirkt.

Oma mit Bubikopf:

Das frühe 20. Jahrhundert

Schon im Kaiserreich hatten die Frauen begonnen, sich zu organisieren, um für ihre Freiheiten zu kämpfen, einen Beruf zu erlernen, zu studieren, berufstätig zu sein und politische Bürgerrechte zu erhalten. Nach langem Kampf errangen die Frauen 1918 das Wahlrecht im Deutschen Reich. Trotz der formalen Gleichberechtigung blieben Frauen vor allem ökonomisch auch nach dem Ersten Weltkrieg benachteiligt. Dennoch veränderte der Krieg schneller als zuvor die Frauenrolle. Haare und Kleider wurden kürzer, Berufstätigkeit mehr und mehr der Normalfall. Das hatte auch ökonomische Gründe, ein Drittel aller verheirateten Frauen mussten zum Lebensunterhalt der Familie beitragen. Das Lebensgefühl in der kurzen Friedenszeit zwischen Erstem und Zweitem Weltkrieg unterschied sich von der Vorkriegszeit, Telefon und motorisierter Verkehr, Massenmedien wie Zeitungen und Kino setzten sich durch, die Welt schien sich schneller als je zuvor zu verändern.

Dieses Gefühl der Veränderung drückte sich auch in einem Lied aus, das während der Inflation 1923 zu einem Schlager wurde: »Wir versaufen uns'rer Oma ihr klein Häuschen« (Text und Musik von Robert Steidl).

Einerseits wurde in der ersten Strophe die schwierige wirtschaftliche Lage vieler Menschen aufs Korn genommen, die überkommene Vermögenswerte für kurzfristigen Genuss veräußern mussten, andererseits wurde in weiteren Strophen die Oma als Sinnbild für das moderne Leben besungen: »Meine Oma fährt im Hühnerstall Motorrad, Motorrad ... meine Oma ist 'ne ganz patente Frau«. Gerade weil die meisten Großmütter von den Moden und Veränderungen unberührt blieben, wirkte das Lied umso komischer.

Eine der Großmütter dieser Zeit, Martha Liebermann, wurde von ihrem Mann, dem Maler Max Liebermann, zusammen mit der Enkelin porträtiert: Die Oma trägt ein zwar schwarzes, aber lockeres, bequemes Kleid, ihre Haare sind nach hinten zusammengebunden. Die Enkelin sitzt auf der Lehne ihres Sessels, in ein typisches kurzes, gerade geschnittenes helles Mädchenkleid der Zwanziger Jahre gekleidet. Großmutter Liebermann liest der Enkelin gerade etwas vor. Viele andere Großmütter aber schnürten sich weiterhin in Korsetts und blieben bei den engen, Bewegung verhindernden Kleidern der Kaiserzeit.

Öffentlicher Protest: Großmutter mit Inflationsgeld gespickt, 1923

Wir versaufen uns'rer Oma ihr klein Häuschen« – ein erfolgreicher Schlager aus den 1920er Jahren, in dem die Großmutter als letzte Sicherheit galt, aber in weiteren Versen auch Motorrad im Hühnerstall fuhr, Plakat von 1922

Heraus mit dem Frauenwahlrecht

FRAUEN-TAG!
8. MÄRZ 1914

Den Frauen, die als Arbeiterinnen, Mütter und Gemeindebürgerinnen ihre volle Pflicht erfüllen, die im Staat wie in der Gemeinde ihre Steuern entrichten müssen, hat Voreingenommenheit und reaktionäre Gesinnung das volle Staatsbürgerrecht bis jetzt verweigert.

Dieses natürliche Menschenrecht zu erkämpfen, muß der unerschütterliche, feste Wille jeder Frau, jeder Arbeiterin sein. Hier darf es kein Ruhen kein Rasten geben. Kommt daher alle, ihr Frauen und Mädchen in die am

Sonntag den 8. März 1914 nachmittags 3 Uhr stattfindenden

Aufbegehrende Großmütter – bei der politischen Emanzipation der Frauen spielten in Deutschland und anderswo Großmütter eine bedeutende Rolle. Plakat von 1914

Dennoch veränderte sich durch die schwierigen wirtschaftlichen Verhältnisse das Leben der bürgerlichen Omas. Auch in den Mittelschichten nahm die Frauenerwerbstätigkeit zu, Kindergärten fehlten, und so mussten Omas stärker die Betreuung der Kinder übernehmen. Die Veränderung der Rolle der Mutter und Frau verfestigte die Rolle der Oma: Sie gehörte weiterhin ins Haus und hatte die Fürsorge für die Nachkommen als Aufgabe.

Mit den politischen und ökonomischen Veränderungen wandelte sich auch die innere Einstellung vieler Frauen zu Ehe und Mutterschaft. Seit der Jahrhundertwende praktizierten fast alle Frauen in Mitteleuropa Verhütung, um den Schwangerschaften nicht mehr ausgeliefert zu sein. Die Kinderzahl ging zurück. Viele Frauen akzeptierten auch andere gesellschaftliche Einschränkungen nicht mehr und bestanden auf einem selbstbestimmten Leben. Schrumpfende Bevölkerungszahlen und die so genannte »Krise der Familie« (Rückgang der Geburten) mobilisierte aber auch politischen Widerstand gegen gesellschaftliche Veränderungen. Konservative Frauen wie Männer hielten an der alten hierarchischen Ordnung der Geschlechter fest und hoben aus diesem Grund die Mutterschaft als edelsten Zweck des Frauenlebens in den Himmel. Deswegen wurde nach dem Ersten Weltkrieg der Muttertag erfunden und mit ihm eine ganz bestimmte Deutung der sich aufopfernden Mutter, die für die Kinder (und ihren Ehemann) alles andere in den Hintergrund stellt. Diese Mutterschaftsvergötterung erhielt Unterstützung durch die sich verschärfende ökonomische Krise seit Ende der

Oma mit Bubikopf

1920er Jahre. Obwohl oder weil immer mehr Frauen arbeiteten und die Frauenerwerbstätigkeit vor der Ehe inzwischen schichtenunabhängig akzeptiert wurde, erfuhr wegen der ansteigenden Männerarbeitslosigkeit die Erwerbsarbeit von Frauen zunehmend eine Ächtung. Die Rückkehr der Mütter an den Herd ins Haus und zu ihrer »eigentlichen« Aufgabe war Teil einer Rückwende im Europa der Zwischenkriegszeit. Dennoch mussten auch weiterhin Frauen aus Arbeiterfamilien, aber zunehmend auch Frauen aus dem Bürgertum erwerbstätig sein, auch wenn sie verheiratet waren und Kinder hatten. Dieser Trend wurde in der Zeit des Nationalsozialismus nicht wirklich gestoppt, trotz aller ideologischen Vorhaben der Diktatur.

Großmütter werden auch in den Zwanziger Jahren als die Hüterinnen von Tradition und Familie dargestellt. Noch sind Kinderbücher wie »Nesthäkchen« (Else Urys Bücher erschienen zwischen 1912–1928) und »Heidi« (Johanna Spyri, 1880) mit ihren liebevollen und großzügigen Omas bestimmend für die Darstellung von Großmüttern: Die Oma bringt der Enkelin mit geduldiger Liebe das Stricken bei und erzählt dabei Märchen. Auch die Großmutter mütterlicherseits von Christian von Krockow scheint diesem Bild entsprochen zu haben, »Frau Liebe« wurde sie von allen genannt. Seine Großmutter väterlicherseits erinnert derselbe Mann jedoch als »die Eiserne«, die streng und fern war.[32] Doch auch andere Omas betreten die Bühne: Etwa Emils Großmutter, die ihrer Enkelin Pony Hütchen Freiraum lässt, um mit den Jungs durch Berlin zu ziehen (Erich Kästner, Emil und die Detektive, 1929).

Heftige Kritik an der einengenden Rolle, die Großmüttern zugeschrieben wurde, übte Bertolt Brecht mit seinem 1939 erschienenem Text »Die unwürdige Greisin«, in der eine Oma sich in den Augen ihrer Nachkommen »daneben« benimmt, weil sie ins Kino geht und Umgang mit Sozialdemokraten pflegt. Eine ganz negative Großmutter – und damit ein heftiger Widerspruch zum herrschenden Oma-Bild – ist die überaus grausame Frau, die in Ödön von Horváths »Geschichten aus dem Wienerwald« (1931) langsam das uneheliche Kind ihrer Tochter ermordet. Insgesamt entwickelten sich ab den 1920er Jahren zunehmend unterschiedliche Rollenmodelle und Vorstellungen von der Oma.

Oma mit Bubikopf

Erziehung für den Führer:

1933–1945

Im Nationalsozialismus (1933–1945) wurde auch die Familie den ideologischen Richtlinien unterworfen. Rassisch erwünschte, so genannte »arische« Familien wurden von den unerwünschten, weil angeblich rassisch minderwertigen (jüdischen, slawischen, asozialen oder politisch unzuverlässigen) Familien durch Gesetze getrennt und völlig verschieden behandelt.

Eine jüdische Großmutter wurde durch die national-sozialistischen Rassegesetze für die Enkel zur Lebens-bedrohung und war selbst ebenfalls vom Tode bedroht. War sie zuvor schon fast sprichwörtlich der Inbegriff jüdischen Familienzusammenhalts, wurde sie im »Drit-ten Reich« erst ausgegrenzt und ausgeplündert, dann deportiert und im Ghetto oder im Vernichtungslager ermordet. Erich Fried, der Dichter, der seiner Ermordung nur durch das Exil entkommen konnte, hat seiner von den Deutschen ermordeten Großmutter mit einem Gedicht ein Denkmal gesetzt:

Großmutter

Beim ersten und zweiten Mal
wenn du niesen mußtest
sagtest du »Helf Gott!« zu dir
beim dritten Mal nur noch »Zerspring!«

Unsinn sagtest du
wenn du deine Hoffnung meintest
und Tanz statt Liebe
und elende Laune statt Trauer

Wie du
deinen Tod genannt hast
im Lager
das weiß ich nicht

Die Verfolgung der Juden traf auch die »Mischlinge ersten Grades« (die zwei jüdische Großeltern hatten), Kinder aus so genannten »Mischehen« zwischen »Juden« und »Nichtjuden«, wie zum Beispiel Ilse Aichinger (geb. 1921), deren jüdische Großmutter, Tanten und Onkel mütterlicherseits in Minsk ermordet wurden, während ihre Mutter die Diktatur nur überlebte, weil sie seit 1942 versteckt war.[33]

Während Großeltern, Eltern und Kinder der als unerwünscht erklärten Familien vielen Repressionen ausgesetzt waren, bis hin zu ihrer Ermordung, stand die »arische« Familie im Mittelpunkt der politischen Fürsorge des Staates. Ein Mutterkult sollte die Rolle der Mutter und Hausfrau aufwerten, Ehestandsdarlehn, die »abgekindert« werden konnten, zum Kinder-Kriegen anregen. Diese angebliche »Mutterschutzpolitik« war nur auf die rassisch erwünschten Mütter ausgerichtet und somit von der mörderischen, gegen die so genannten rassisch unerwünschten Mütter gerichteten Politik der gewaltsamen Geburtenverhinderung und der Vernichtung von Leben nicht zu trennen.[34]

Die inneren Widersprüche der nationalsozialistischen Ideologie und Politik waren offensichtlich: Einerseits gab die nationalsozialistische Ideologie vor, dass es natürliche, voneinander getrennte Sphären von Frauen (Haushalt, Kinder, Unterstützung der Männer) und Männern (Erwerbsarbeit, Politik und Kampf als Soldat) gab. Andererseits blieb Frauenerwerbstätigkeit auch im Nationalsozialismus Normalität, ja, es ergaben sich – etwa durch die Eroberungen im Osten Europas – sogar neue Karriere- und Erwerbsmöglichkeiten, wie aber auch Erwerbszwänge für Frauen.[35] Auch griff der nationalsozialistische Staat schon vor dem, noch stärker aber während des Krieges in das Familienleben ein. Die Einbindung aller in nationalsozialistische Gruppen (Hitlerjugend, NS-Frauenschaft usw.) beeinflusste auch die Familie. Ein unter der Hand erzählter Witz machte diesen Gegensatz deutlich: Der Witz fragt ironisch, wo die ideale NS-Familie sich noch treffe, wenn der Vater in der Partei sei, die Mutter in der

Frauenschaft, die Kinder in HJ und BDM. Die Antwort: Auf dem Reichsparteitag in Nürnberg.[36] Auch wenn der Nazi-Staat versuchte, mit finanziellen Anreizen und über die Professionalisierung der Hausfrauentätigkeit die Reproduktionsrate zu erhöhen, stagnierte die Zahl der in Deutschland geborenen Kinder vor dem Krieg auf dem Niveau der Weltwirtschaftskrise 1929 und ging im Krieg nach 1939 noch stark zurück.

Im Krieg, besonders stark nach der Kriegswende von Stalingrad 1943, musste die nationalsozialistische Diktatur verstärkt auf die Arbeitskräfte der Frauen zurückgreifen, um sie in der Produktion, aber auch in der direkten Unterstützung der Kriegsanstrengungen des Militärs einzusetzen. Der Einsatz von Frauen im Krieg knüpfte dabei immer an die weibliche Sphäre der Unterstützung, der Hilfe für die Männer und der Fürsorge für die Familie an.[37]

Die Großmutter musste die abwesenden Eltern – die kriegsverpflichtete Mutter und den Soldatenvater – ersetzen und die Enkel versorgen. Lebte die Großmutter auf dem Land, konnte sie für Stadtenkelkinder lebensrettende Versorgerin werden.

Frauen hatten im nationalsozialistischen politischen System kaum nennenswerte öffentliche Machtpositionen inne, waren aber in vielfältiger Weise am System beteiligt und unterstützen es – wie die Männer – sowohl durch emotionale »Frauenarbeit« im Hintergrund zur Unterstützung der Männer, als auch als Täterinnen in Konzentrationslagern und bei der Beteiligung an der Ermordung von so genannten »Geisteskranken« in den Euthanasieprogrammen.

Selbst für die »arische« Frau war die Aufwertung der Mutterrolle zwiespältig. Zwar gewann sie als Mutter in der nationalsozialistischen Ideologie eine große Macht über das Kind, besonders wenn sie den sadistischen Vorschlägen des Mutterratgebers von Johanna Harrer (Die deutsche Mutter und ihr Kind) folgte. Andererseits aber musste sie sich ganz und gar dem eigenen Mann und den politischen Entscheidungen des Staates unterordnen. Auch ihre Kinder erzog sie in letzter Konsequenz nicht für sich oder ihre Familie, sondern für den Staat und den Führer – und für den nächsten Krieg.[38]

In dieser Situation konnte die altmodische Oma, die sich vielleicht nicht nach den Maßgaben des Erziehungsratgebers richtete, für die Kinder zu einer Garantin der Liebe werden.

Flucht und Vertreibung aus den Gebieten Deutschlands, die im Zweiten Weltkrieg schließlich von der Sowjetunion erobert wurden, war ein Schicksal, dass besonders die Omas und Mütter, alte wie junge Frauen traf. Gemeinsam mit den alten Männern, die nicht mehr kriegsdienstfähig waren, gingen die Frauen in den letzten Kriegstagen auf die Flucht vor dem Einmarsch der Russen. Nach Kriegsende wurden sie mit Gewalt aus ihrer Heimat ausgesiedelt und in eine ungewisse Zukunft im Westen Deutschlands geschickt. Alte Frauen konnten dabei zu einer schweren Belastung für die flüchtende oder vertriebene Familie sein, wenn sie selbst nicht mehr laufen konnten oder andere Pflege brauchten, viele von ihnen starben auch an den Strapazen.

Die überlebenden Großmütter hatten zur Aufgabe, zusammen mit den Müttern für das Überleben der

Kinder zu sorgen. Wenn der Vater in Kriegsgefangen-
schaft kam und die Mutter zur Zwangsarbeit in die
Sowjetunion verschleppt wurde, war die Großmutter
die letzte, die bei den Enkelkindern blieb und dann
meist mit ihnen vertrieben wurde. Andere Mütter waren
nach Übergriffen der einmarschierenden Sowjetsoldaten
nicht mehr in der Lage, sich um ihre Kinder zu kümmern. Vieles vom dem, was Großmütter in dieser Zeit,
der »Stunde der Frauen« (Christian Graf von Krockow,
1988)[39], leisteten, wurde nie erinnert.

Trümmerfrauen nach dem Zweiten Weltkrieg, Juni 1945

Großmutterschaft nach dem Zweiten Weltkrieg: Es war die »Stunde der Frauen«, vor allem auch der Großmütter. Fotografie von 1946

Die 1950er Jahre:

Die Renaissance der Familie

In der Nachkriegszeit wurden die Omas zum Überbleibsel aus einer alten Welt. Berühmtheit erlangte die böhmische Oma, die stellvertretend für all die Großmütter steht, die aus den alten deutschen Ostgebieten fliehen mussten. Die böhmischen »Knödel« oder »Strudel« und der altböhmische Apfelkuchen wurden zum Sinnbild der verlorenen Heimat. Ihr Geschmack vermittelte den Enkelkindern etwas von dem Verlust der Eltern und Großeltern und verband sich darüber hinaus meistens mit dem Tonfall und dem Dialekt der alten Heimat.

Auch die Flüchtlingsfamilien versuchten, zu einer Normalität zurückzukehren, die es so zwar nie zuvor gegeben hatte, die aber nach Krieg und Verbrechen der Diktatur ein ruhiges Leben verhieß. War in den

1940er Jahren die Scheidungsquote noch so hoch wie nie zuvor, so erwies sich die Familie in den 1950er Jahren als sehr stabil. Frauen kehrten (freiwillig oder nicht) vom Erwerbsleben wieder zurück zur Familienarbeit, Männer konnten in vielen Fällen dank des Wirtschaftswunders ihre Familie besser ernähren als in den Zeiten vor dem Krieg. Sich in Familie und Häuslichkeit zurückzuziehen, war gleichzeitig ein Versuch, den Schmerz, die Trauer und die Wut über die eigenen Verluste (an Lebenszeit und von geliebten Menschen) aus der Kriegszeit zu überwinden und den unangenehmen Fragen des eigenen Gewissens nach den massenhaften Verbrechen des »Dritten Reichs« auszuweichen. Durch diese Veränderung der Familie veränderten sich wiederum auch die Aufgaben der Oma. Nach den Aktivitäten der Kriegs- und unmittelbaren Nachkriegszeit war sie jetzt vor allem die symbolische Brücke in die Welt der Vorkriegszeit. Sie lebte häufig mit in der Wohnung ihrer Kindsfamilie oder deren Nähe. Sie hatte meist selbst nicht viel Geld, sie teilte aber einen reichen Schatz an Erinnerungen mit den Enkeln. Die Oma, die im Haushalt der Enkelkinder lebte, wurde oft zur Verbündeten der Kinder, da sie sich auf der Seite derjenigen im Haushalt wiederfand, denen keine eigenen Entscheidungsbefugnisse zugestanden wurden. Im Gegenteil, gerade die ältere Frau, die Oma, wurde zunehmend auch als wenig klug und zurechnungsfähig dargestellt. Zwar wurde ihr das größere Verständnis für die Enkel unterstellt. Erich Kästner fasste das in den Worten seines Gedichts »Die Großeltern haben Besuch« zusammen:

»Für seine Kinder hat man keine Zeit.
(Man darf erst sitzen, wenn man nicht mehr gehen
kann.)

Erst bei den Enkeln ist man dann so weit,
dass man die Kinder ungefähr verstehn kann.«[40]

Aber der Satz »Erzähl das doch deiner Oma!«, der auch heute noch eine prinzipielle Naivität und Gutgläubigkeit der Großmütter unterstellt, galt schon in den 1950er Jahren.

Gewissermaßen die Großmutter der Nation war in den 1950er Jahren die Schauspielerin Margarethe Haagen (1889–1966), bekannt vor allem durch ihre Rolle als »Oma Jantzen« in den Immenhof-Filmen.

Auch in zahlreichen anderen Filmen spielte sie die kleine und zarte, aber überraschend energische Großmutter, die in Generationskonflikten immer auf der Seite der Jugend steht und vermittelnd eingreift. Ihre Verkörperung der Omas prägen unsere Sicht auf die 1950er Jahre bis heute.

Großmütter hielten über viele Brüche hinweg die Traditionen aufrecht. Sie nahmen die Enkelkinder mit in die Kirche und erzählten davon, wie Vater oder die Mutter als Kinder gewesen waren. Stammte die Oma aus der Stadt, so hatte sie vielleicht auch Erinnerungen daran, wie sie als junge Frau in kurzen Röcken und mit kurzen Haaren die »wilden Zwanziger« erlebt hatte.

Auch jetzt gab es Großmütter, die nicht dem Rollenklischee entsprachen. Zwar sagt Enkel Thomas Bentz über seine Oma Amalie Auguste Melitta, sie sei eine ganz »normale Großmutter, gütig und wohlwollend«[41]

Angelika Meissner-Voelkner
Matthias Fuchs • Heidi Brühl
PAUL KLINGER • MARGARETE HAAGEN
JOSEF SIEBER • PAUL HENCKELS

DIE *Mädels*
VOM **IMMENHOF**
EIN FARBFILM IN EASTMANCOLOR

Nach dem Roman „**Dick und Dalli und die Ponies**" von URSULA BRUNS
Drehbuch: ERICH EBERMAYER • PEER BAEDEKER ○ WOLFGANG SCHLEIF • HANSI KESSLER
Regie: WOLFGANG SCHLEIF
Kamera: OSKAR SCHNIRCH • Musik: NORBERT SCHULTZE • Produktionsleitung: HELMUTH VOLMER

NF

Zurück zu alten Klischees: In den 1950er Jahren dominierte das Bild
der heilen Welt und es wurden die ersten Großmütter der Nation
geboren. Eine von ihnen: Margarethe Haagen, die Oma Jantzen in
den populären Immenhof-Filmen. Filmplakat 1950er Jahre

gewesen, aber die Erfinderin des Kaffeefilters und Firmengründerin war in der frühen Nachkriegszeit gleichzeitig eine starke, kraftvolle, unternehmerische Persönlichkeit und entsprach damit ganz und gar nicht der Oma-Vorstellung der 1950er Jahre.

Wirtschaftlich waren Großmütter für die Familie oft weiterhin von enormer Bedeutung. Für die englische Arbeiterklasse der 1950er Jahre wurde nachgewiesen, dass die Großmutter mütterlicherseits das eigentliche Familienoberhaupt war. Nur mit ihrer Unterstützung und Hilfe, dadurch aber auch unter der Autorität von »Mum«, konnten junge Familien über die Runden kommen.[42]

Allerdings lebten in der Bundesrepublik wie in der DDR in den 50er und 60er Jahren viele Omas in Armut. Hauptsächlich für sie wurde Anfang der 1960er Jahre daher die bundesdeutsche Sozialhilfe eingeführt, um ihren Lebensunterhalt zu sichern. Häufig schickten sich die Frauen in die Rolle der Oma, die Familiengeschichte und alte Rezepte weitergab. Doch das heile Bild der Familie der 1950er Jahre hat bei genauem Hinsehen viele Risse:

Vielen Familien war eine solche »Rückkehr« in die vermeintliche Tradition gar nicht möglich. Ihnen fehlte der Vater, und die Kinder mussten von der Mutter mit Unterstützung ihrer Eltern oder Schwiegereltern ernährt und großgezogen werden. Nicht alle Frauen kehrten also in die Rolle der Familienarbeiterin zurück, selbst wenn sie Kinder hatten. Und auch die, die sich an die vorherrschende Rolle anpassen wollten, arbeiteten weiter, wenn auch so, dass die Arbeitszeiten sich an der

60jährige „Aktivistin" im Kupferbergbau der DDR, 1959

Familienarbeit orientierten. In anderen Familien gab es zwischen Müttern und Vätern Konflikte über die Frage, wie die Familienarbeit aufgeteilt werden sollte. Gesamtgesellschaftlich gesehen wurde die Familie parteiübergreifend als Hort der Stabilität und der Demokratie gesehen. Für den damaligen Bundesfamilienminister Franz-Josef Wuermeling (CDU) war Frauenerwerbstätigkeit bereits der Beginn kommunistischer Unterwanderung. Die Bundesrepublik sah sich in diesem Punkt unter ständigem Vergleichsdruck mit der DDR.

Unter Berufung auf Marx und Engels sowie auf August Bebel betrachtete die Staatsideologie der DDR die Emanzipation der Frau als wesentlichen Maßstab ihrer gesellschaftlichen Veränderungen. Daraus ergab sich eine Förderung der Erwerbstätigkeit der Frauen sowie ihres politischen Bewusstseins – was allerdings nicht ihre gleichberechtigte Teilhabe an der Macht in der Diktatur einschloss. Die SED wollte mit ihrer Frauenpolitik nicht die Kleinfamilie zerstören, sondern sie anders gestalten. Daher war die Ehe in der DDR zumindest rechtlich eine gleichberechtigte Partnerschaft (eine Entwicklung, die in der Bundesrepublik erst mit dem Gleichstellungsgesetz von 1958 annähernd, gesetzlich vollständig erst in den 1970er Jahren erreicht wurde), Erwerbstätigkeit beider Partner wurde vorausgesetzt. Schon in den 1950er Jahren waren 20 Prozent der verheirateten Frauen in der DDR erwerbstätig, die Quote der Erwerbstätigkeit von verheirateten wie unverheirateten Frauen stieg immer weiter an, bis sie in den 1970er Jahren so hoch war wie in keinem anderen industrialisierten Land.[43] Vereinbarkeit von Beruf und

Sozialistische Großmutter in Ost-Berlin: Arbeiten und die Enkel mitbetreuen, Fotografie von 1976

Familie blieb jedoch im realexistierenden Sozialismus der DDR ein Problem, ebenso wie die Hausarbeit, die zum größten Teil von den Frauen erledigt wurde. Bei der Arbeit für die Familie waren die Großmütter eine Hilfe sowohl in Fragen der Kinderbetreuung wie auch der restlichen Familienarbeit. Zwar gab es in den 1970er Jahren für 30 Prozent der Kleinkinder Krippenplätze, für 77 Prozent der Kinder Kindergartenplätze sowie für 50 Prozent der Schulkinder Hortplätze, die Lücken aber wurden häufig von den Großmüttern ausgefüllt, es sei denn, diese waren – wie das immer häufiger der Fall war – selbst noch erwerbstätig.

In der offiziellen Staatspropaganda, in Erziehungs-ratgebern oder Zeitschriften für Schule und Kindergarten spielte die Großmutter jedoch keine Rolle. Dennoch gab es auch öffentlich dargestellte Großmütter in der DDR: Eine besonders beliebte Oma – die bis heute ihr Aussehen nicht geändert hat – war die Oma von Kasperle. Im Buch »Alarm im Kasperle-Theater« (1958) ist die Rahmenhandlung, dass die Pfannkuchen zu Omas Geburtstag geklaut werden. Die Figur der Oma ist dabei im Buch wie im 1960 entstandenen Trickfilm eine kleine Frau im dunklen Kleid, mit grauem Dutt und kleiner, runder Brille – ganz die klassische Kasperle-Theaterfigur.

Die 1960er Jahre:

Die Infragestellung der Familie

In den 1960er Jahren bekam das Familienidyll der Bundesrepublik weitere Risse. Hatten schon die Halbstarken-Proteste die Bundesrepublik in ihrer gesellschaftlichen Stagnation erschüttert, so wandelte sich nach den 1960er Jahren die Auffassung von der Familie radikal. »68« und die »68er« veränderten die Vorstellung von der Familie, wenn auch nicht in eine einzige Richtung. So vielfältig, wie die Bewegungen um 1968 herum waren, so vielfältig war auch ihr familienhistorischer Einfluss. In der Studentenbewegung entstand eine fundamentale Kritik an der Familie als autoritärer Struktur, die die Menschen deformiere. Die bisherige Form der Familie, mit dem Vater als unumstrittenem Oberhaupt, dem sich alle anderen Familienmitglieder unterzuordnen hätten, wurde als

Ursache der deutschen Untertanenmentalität gesehen. Nicht nur, dass die Studenten und Studentinnen ihre eigenen Eltern für ihre Rolle im Nationalsozialismus und für das nachfolgende Beschweigen der Diktatur kritisierten und eine offene Diskussion forderten, sie griffen auch grundsätzlich die Familie als Herrschaftsstruktur an, deren autoritäre Erziehung Grundlage des Faschismus gewesen sei. Es sei an der Zeit, neue, auf Freiwilligkeit, nicht auf Zwang beruhende Beziehungen aufzubauen: von der Kommune über die mehr oder weniger offene Zweierbeziehung bis hin zur totalen Ablehnung der Eheschließung. In den 1970er Jahren setzten sich daraufhin unter jungen Menschen neue Wohn- und Lebensformen durch. Unterstützt wurde diese Veränderung der privaten Beziehungen durch die grundsätzliche Kritik der neuen Frauenbewegung an der Einteilung der Welt in »private« und »politische« Sphären. Der Slogan »Auch das Private ist politisch« stand für eine Veränderung der Erwerbs- und Lebensstrukturen vor allem von Frauen. Seit 1976 war die Ehe auch in der Bundesrepublik rechtlich eine gleichberechtigte Partnerschaft zwischen Frau und Mann. Der Anspruch der Frauen auf die »Hälfte« von allem, auch der Macht in Wirtschaft und Politik, konnte zwar bis heute noch nicht durchgesetzt werden, ist aber nicht mehr zu ignorieren. Auch die Darstellung der Omas spiegelte die Bandbreite gesellschaftlicher Sichtweisen. So ist »Unsere Oma« (1964) von Ilse Kleberger eine Kinderbuchoma, die all das tut, was ihre Enkel nicht dürfen und die konsequent auf der Seite ihrer Enkelkinder steht.

Ilse Kleberger

Unsre Oma

Oma und Enkel mit Einkaufstaschen am Hackeschen Markt, Ost-Berlin 1962

Im Film bleibt demgegenüber die Oma die liebenswürdige, aber doch etwas komische Alte, wie Agnes Windeck (1888–1975), die z.B. die schwerhörige und teilweise trottelige Oma in »Die Herren mit der weißen Weste« spielt. Dass sie dabei durchaus gewitzt und modern denkend ist, wird im Film als überraschendes und unerwartetes Element eingesetzt, das im Widerspruch zum Klischeebild der Oma steht.

Die 1970er Jahre:

»Die Emanzipation hat auch vor der Großmutter nicht halt gemacht«

In den 1970er Jahren wurde vieles von dem, was die 68er gefordert hatten, Wirklichkeit.[44] Rollenzwänge verloren ihre eisernen Grenzen. Frauen setzten ihre Berufsausbildung oder ihr Studium auch mit Kindern fort, waren mit Familie berufstätig und eroberten die Sphäre der professionellen Politik für sich. Auch die Großmütter wurden von diesen Veränderungen erfasst. Einerseits waren sie seit den 1960er Jahren in Westdeutschland verstärkt zur Betreuung der minderjährigen Enkel eingespannt, wenn die Mutter erwerbstätig war. Andererseits wurden sie selbst häufiger als zuvor neben der Familienarbeit außer Haus tätig und waren daher auch nicht mehr vorbehaltlos bereit, ihr eigenes Leben nur auf die Kinder und Enkel auszurichten. Die Modelle für die Familie sind vielfältiger geworden. Wohngemeinschaften und Kommunen, alleinerziehende Eltern, Patchwork-Familien mit Kindern aus verschiedenen früheren Beziehungen, neue Eheschließungen im Alter, all diese Familienvarianten bestehen nun neben, vor und nach der Kernfamilie. Doch diese Veränderungen gefährdeten kaum die Beziehungen zwischen den Generationen. Enkelkinder und Großeltern blieben auch in den 1970er Jahren in engem Kontakt. Ratgeber von Großmüttern für Großmütter verschreiben in dieser Situation Toleranz gegenüber verschiedenartigen Lebensstilen als besten Weg, Streit und Ärger aus dem Weg zu gehen.[45]

In den Familien in der DDR waren die Omas vor allem wieder als Versorgerinnen der Enkel präsent: »Immer, wenn ich aus der Schule gekommen bin, hat meine Oma für mich mit Essen gemacht«[46] erzählt eine in den 1970er Jahren geborene Frau über ihre Kindheit. Der häufige Kontakt bot die Möglichkeit zu einer besonderen Verbindung: »Ich hatte auch eine unheimlich enge Beziehung zu meiner Oma«.[47] Die Großmütter bedeuteten für die Kinder neben der emotionalen Zuwendung Stabilität und Orientierung. Dabei wurde die Oma von ihren Enkeln manchmal auch als konservativ und traditionell wahrgenommen und kritisiert, sie wurde aber gleichzeitig als Schutzraum gegenüber den Anforderungen und der Erziehung der Eltern geschätzt.[48] Die Rolle der Großmutter als fürsorgliche Versorgerin der Familie wurde 1971 im DEFA-Erfolgsfilm »Der Mann, der nach der Oma kam« zugespitzt dargestellt: Im Film heiratet die Oma, die den Haushalt der Familie führte, ein zweites Mal. Ihre Arbeit wird fortan von einem

Mann getan. Aus diesem Rollentausch der Geschlechter resultierte der Witz des Films. Am stärksten jedoch wurde die bedeutende Rolle von Oma (und Opa) in der heiteren Fernsehserie »Rentner haben niemals Zeit« (1978/79) erzählt: Hier kümmerte sich Oma Anna (Helga Göring) nicht nur um die eigenen Kinder und Enkel, sondern um die ganze Hausgemeinschaft. Verwandte und Familie hatten im Allgemeinen in der DDR noch stärker als in der Bundesrepublik die Funktion eines Rückzugsraums, der angesichts der diktatorischen Züge der DDR eine politische Dimension hatte. In der Familie – die auch enge Freundschaften mit umfasste – konnte man sich, so war die Vorstellung, ungeschützt bewegen und den ideologischen Ansprüchen des Staatsapparats entkommen. Dadurch stieg die Bedeutung der Familie und des engen Freundeskreises stark an. Hier war Glück und Zufriedenheit möglich, auch wenn die äußeren (politischen wie wirtschaftlichen) Umstände nicht den eigenen Wünschen entsprachen. Die Familie war Rückhalt gegenüber Repressionen des Staates. Zugleich war sie jedoch auch eben diesen Repressionen ausgesetzt. Kinder von verhafteten Oppositionellen oder Ausreisewilligen wurden zu Geiseln des Staates, in Heimen untergebracht oder gar zwangsweise zur Adoption freigeben. Im besten Fall durften Großeltern ihre Enkelkinder aufnehmen.

Auf dem Sofa – Großmutter aus Niedersachsen, Alltagsfotografie 1976

Die 1980er und die 1990er Jahre:

Selbstverwirklichung und »Golden Girls«

In der Spaßgesellschaft der 1980er Jahre war alt werden »out«. Fitnessvideos und Diäten versprachen, das Alter aufzuhalten. Haare wurden gefärbt, Runzeln entfernt, besonders Frauen mussten ihr Altern verstecken, wenn sie mit der Mode gehen wollten. Nur jung galt als schön und attraktiv. Eine Oma zu sein, bedeutete daher, an Attraktivität zu verlieren. Viele Frauen weigerten sich deshalb in den 8oer Jahren, zur Oma zu werden. Andere wiederum freuten sich sehr über die Enkel, wollten aber ihren Ruhestand lieber so verbringen, wie sie es sich selbst aussuchten. Da sie – anders als die Generationen von Großmüttern vor ihnen – im Alter über eigenes Geld verfügten, gingen die Omas der 8oer auf Reisen, bildeten sich weiter und pflegten ein großes Netzwerk an Freundschaften. Einige Frauen sahen, gerade aus ih-

Grauer Panther: Trude Unruh, 2002

rer Verantwortung als Großmutter heraus, ihre Aufgabe darin, sich politisch einzumischen. Nach der Erfahrung von Krieg und Diktatur waren viele Großmütter in der Friedens- und Umweltbewegung aktiv, sowohl in der DDR wie in der Bundesrepublik. Dabei beließen sie es nicht nur bei Aufrufen, sondern beteiligten sich an Demonstrationen und Sitzblockaden gegen Atomwaffen und Atomkraftwerke. Aus den vielen Aktivitäten der Großelterngeneration der 80er Jahre hinaus gründete 1989 Trude Unruh die »Grauen Panther«, eine Partei, die besonders die Interessen der Senioren vertreten wollte, allerdings unter dem Motto »Alt und Jung gemeinsam«.

Auch in Kinderbüchern traten diese Omas auf, wie die Figur der »Leonore«, einer unangepassten, politisch aktiven Frau in »Opa steht auf rosa Shorts« (Kirsten Boie, 1988). Die Erzählerin, ein etwa zwölfjähriges Mädchen, ist sich nicht sicher, wie sie die neue Freundin ihres Opas (und Großmutter von anderen Enkeln) findet: »Natürlich finde ich es auch nicht so toll, wenn Omas sich immer wie Omas anziehen und Omahaare und Omaschuhe tragen. Aber müssen sie denn gleich in so unpassenden Sachen wie Overalls rumrennen, sich haarscharf am Punk vorbeifrisieren und ihre alten Füße barfuß zeigen?«[49]

In der Kinderbuchlandschaft der DDR erscheinen in den 1980er Jahren Bücher, die sich zum ersten Mal mit dem Alter und dem Sterben der Großelterngeneration auseinandersetzen. So wird das aus dem niederländischen übersetzte Buch Guus Kuijers »Erzähl mir von Oma« 1985 in der DDR veröffentlicht. Ein ähnliches Thema behandelt »Alter John« von Peter Härtling (DDR 1985 / BRD 1981). In Kuijers Buch unterhält sich Maaslief mit ihrem Opa, ihrem Onkel und ihrer Mutter über ihre gerade verstorbene Oma, die sie nicht kannte, der sie sich aber verbunden fühlt, und entdeckt deren schwierige Lebensgeschichte. Peter Härtling porträtiert mit dem »Alten John« einen liebenswerten, skurrilen Opa, der seine letzten Lebensjahre bei der Familie seiner Tochter verbringt, so dass seine Enkel sowohl seine letzte Liebesbeziehung wie auch seinen körperlichen und geistigen Verfall miterleben. Beide Bücher wurden einige Jahre zuvor (1981) auch in der Bundesrepublik veröffentlicht.

Auch die amerikanische Fernsehserie »Golden Girls« (über die Wohngemeinschaft von vier alten Frauen) thematisierte auf witzige, überzeichnete Weise »Frauen und Alter«.

Die »goldenen Mädchen« standen dabei für den Spaß, den Frauen auch im Alter und dem Stand der Großmutter haben können. Langsam wurde in den Medien auch das Verhältnis von Omas – alten Frauen überhaupt – zu Liebe, Leidenschaft und Sex thematisiert. Filme wie »Harold und Maude« veränderten langsam das gesellschaftliche Denken. Dass ältere Frauen noch Spaß am Sex haben, dass Oma-Sein Frauen nicht zum geschlechtslosen Wesen macht, wurde zwar nur widerwillig, aber dennoch gesellschaftlich mehr und mehr akzeptiert oder ist heute nicht mehr völlig tabuisiert.

Trotz aller neuen Entwicklungen wurden medial auch immer noch bewährte Großmutterrollen besetzt. So wurde die Koch- und Haushaltssendung »Was die

Großmutter noch wusste«, die zu Beginn der 1980er Jahre zum ersten Mal ausgestrahlt wurde, über 20 Jahre mit stetigem Erfolg gesendet.

Die 1990er Jahre sind dann eine Übergangszeit für die Omas in Deutschland. Für die Frauen, die in der DDR gelebt hatten, brachte die Wende eine Unmenge an Veränderungen: neue Freiheiten und Möglichkeiten, aber auch neue Zwänge, oft den Verlust des Arbeitsplatzes, den Wegzug der Kinder in den Westen und damit größere Entfernung zu den Enkeln. Auch nach der Wende jedoch blieb der Kontakt der ostdeutschen Omas zu ihren Enkeln häufiger als der der westdeutschen Omas. Der biografische Bruch blieb den West-Frauen und Omas größtenteils erspart, dennoch begann auch hier in den 90er Jahren eine Diskussion über die Frage, was eine richtige Großmutter sei. Ist es richtig, wenn sie ihr eigenes Leben lebt, oder muss sie sich aus dem aktiven Leben zurückziehen und den Enkeln wieder das Stricken beibringen? Viele Frauen empfanden das Oma-Werden auch in den 90er Jahren noch als Abstieg, hatten das Gefühl, von der Gesellschaft als Oma an den Rand, in eine bestimmte Rolle der alten und damit nicht mehr zurechnungsfähigen, geschweige denn attraktiven Frau gedrängt zu werden. Sie sind auf der Suche nach neuen Rollenbildern für die »Oma«. Das Problem entstand dabei vor allem mit dem öffentlichen Bild der Oma. In der privaten Beziehung zu den Enkeln, gerade zu den kleinen Kindern, waren die Omas meist zufrieden und wussten auch, was sie dort geben konnten und was nicht. Das öffentliche Bild hatte jedoch trotz

Golden Girls – Frauen, das Alter und die Liebe überzeichnete die amerikanische Serie erfolgreich zum
Spaß eines Massenpublikums

der Veränderungen der letzten drei Jahrzehnte mit der vielfältigen Art der Kontakte zwischen Oma und Enkeln nicht Schritt gehalten. Ratgeber versuchten, eine Brücke zwischen der öffentlichen und der privaten Oma zu schlagen und diese miteinander zu vereinbaren.[50]

Und die Oma heute?

Seit 25 Jahren wird das Oma-Sein wissenschaftlich verstärkt thematisiert. Die Beziehungen zwischen Großeltern, Eltern und Kindern waren vermutlich noch nie so eng und zugleich vielfältig, wie sie es heute sind. Aus diesem Grund ist das 20. Jahrhundert schon als das Zeitalter der Großeltern bezeichnet worden.[51] Großmutter zu werden ist heute für Frauen viel wahrscheinlicher als noch für Frauen des 19. Jahrhunderts, trotz sinkender Kinderzahlen in Deutschland. Jenseits der Lebensmitte sind über 60 Prozent der Frauen in den alten Bundesländern Omas, in den neuen Bundesländern sind es sogar über 85 Prozent. Dabei hat ein Drittel der Großmütter lediglich ein Enkelkind. Vielleicht sind die niedrigen Zahlen an Enkelkindern auch ein Grund, warum die Enkel heute besonders umsorgt

Omas in vielen Rollen – das Bild der Großmutter hat sich heute weitgehend ausdifferenziert. Es gibt die handwerkelnde Großmutter genauso wie …

werden. Führt die »Verknappung« der Enkel vielleicht zu einer intensiveren Beziehung? Die große Mobilität der Großmütter wie der Familien von heute und die modernen Kommunikationsmittel erlauben, dass auch Zeiten der räumlichen Trennung keinen Abbruch oder eine negative Veränderung der Beziehungen bedeuten. Nur wenige Großmütter leben heute mit ihren Enkeln unter einem Dach, aber 80 Prozent der Enkel wohnen mit den Großeltern an einem Ort oder erreichen sie innerhalb von einer Stunde Fahrzeit und geben auch an, gelegentlichen Kontakt zu ihnen zu haben, 45 Prozent der Enkel werden regelmäßig von ihren Großeltern, meist den Großmüttern, betreut, auch wenn diese erwerbstätig sind.[52]

Großmütter haben heute eine sehr große Bedeutung für ihre Enkel – 80 Prozent bewerten ihre Großeltern positiv[53] – sowohl für kleine Kinder als auch für Erwachsene, die sich an die Oma erinnern. Auf der Internetseite des Jugendmagazins »Jetzt« der Süddeutschen Zeitung erinnert sich Userin »rose« an die Oma: »Ach Großmutter, ach Großmutter. Bis heute vermisse ich den Geruch deiner Wohnung an einem Samstag, dann, wenn du mir in Butter gebratenes Brot in der Pfanne gemacht hast. Die Samstage, an denen du mir die Geschichte erzählt hast, wie das Leben früher war.«[54] Großmütter sind der Angelpunkt der Familien, ein ruhender Pol für die Kinder in einer sich stetig verändernden Welt. Das Besondere an der Enkel-Großeltern-Beziehung ist eine Nähe, die zugleich gegenseitige Grenzen einschließt. Enkel schätzen an den Großeltern, dass die sich nicht so sehr einmischen wie Eltern und

Lehrer und trotzdem viel Zeit für die Enkel haben, während Großeltern es genießen, dass sie zwar mit kleinen Kindern engen Kontakt haben, jedoch diese nicht mehr erziehen müssen.[55]

Ihre Bedeutung als Wurzel, als Ausgangspunkt der Familie ist ungebrochen. So ist für einen der bekanntesten Enkel unserer Zeit, für den Präsidenten der USA, Barack Obama, seine afrikanische Oma Ausweis seiner schwarzen Herkunft.

Andere Großmütter übernehmen selbst wichtige politische Funktionen. Viele ehrenamtliche Dienste in der Bundesrepublik könnten ohne die freiwillige Arbeit von Großmüttern nicht überleben. Besonders umstritten sind direkte politische Einsätze von Großmüttern, wie die israelischen Frauen von Machsom-Watch, die ihre Freizeit opfern, um die Militär-Checkpunkte an den Grenzen zwischen den palästinensischen Gebieten und Israel zu beobachten und dadurch den Ablauf an diesen Checkpunkten humaner zu gestalten. In einigen Fällen übernehmen Großmütter auch noch einmal ganz die Erziehung der Kinder, wenn die Elterngeneration etwa durch Krankheit, Unfall oder Gefängnisaufenthalt ausfällt. Großmütter springen noch einmal als Mütter ein. Besonders drastisch trifft diese Aufgabe Großmütter und Urgroßmütter von Aids-Waisen in Afrika, etwa in Südafrika. Es gibt bereits eine eigene Hilfsorganisation, die diese »stillen Heldinnen Afrikas« unterstützt.[56]

Großmutter-Sein ist für die Frauen von heute nicht mehr der einzige Lebensinhalt der zweiten Lebenshälfte, als der er im 19. Jahrhundert »erfunden« wurde. Es wird vor allem als Bereicherung des eigenen Lebens erfahren, als »Kür« nach den Pflichten und Kämpfen des Mutter-Seins, als Ausweitung der eigenen sozialen Aktivitäten. Es umfasst auch Enkel, mit denen die Großmütter nicht verwandt sind. Das Oma-Sein wird ganz bewusst aber auch als Hilfestellung für die jungen Familien verstanden, als ein Teil der gegenseitigen Solidarität innerhalb der Familie. Anders als befürchtet, ist also die moderne Kleinfamilie nicht isoliert, sondern in ein Netzwerk mit verschiedenen Verwandten und Freunden eingebunden.[57] Junge Familien wollen zwar heute von ihren Eltern unabhängig sein, wollen oder müssen auch räumlich häufig getrennt von ihnen leben, sie halten aber engen emotionalen Kontakt mit ihnen.[58] Die Rolle der Oma ist nicht mehr so eng gesellschaftlich umrissen, wie sie es vor den 1960er Jahren war. Im Film »Irina Palm« arbeitet eine Oma auch schon mal in einem Sexclub, um Geld für eine Operation ihres Enkels zu verdienen.

Dennoch ist das »Oma-Werden« für viele Frauen nicht nur aus biografischen Gründen ein Einschnitt. Großmütter gelten immer noch als unerotisch. Schauspielerinnen, so schreibt Christiana Bylow in ihrem Buch über 18 Großmütter, müssen daher Angst haben, sich als Großmutter zu outen.[59] Auch »normale« Frauen, die mit 40, 50 oder 60 Großmutter werden, müssen sich häufig länger an diesen Gedanken gewöhnen, nicht so sehr, weil sie selbst es ablehnen, dass ihre Kinder Kinder bekommen, sondern weil die Reaktionen der Umwelt nicht besonders ermutigend sind. Männer flirten nicht mit Omas, und Omas als Chefinnen werden noch kritischer betrachtet als Mütter, die ein Unternehmen

... die Oma als Prostituierte, gespielt von Marianne Faithfull im Film Irina Palm, Filmplakat 2008

führen.

Dabei sind Großmütter von heute Frauen, die häufig ein sehr bewegtes und vielfältiges Leben hinter sich haben. Sie nehmen ebenso viele gesellschaftliche Rollen ein, wie Frauen und Mütter heute insgesamt. Omas sind Hausfrauen, waren berufstätig oder beides, vereinen Hobbys und politisches Engagement mit ihrer Familie. Sie hatten einen Mann, mit dem sie ihr Leben verbracht haben – oder aber mehrere Männer, die zeitweise ihr Leben teilten. Ihre Kinder stammen aus einer oder aus mehreren oder aus gar keiner Ehe. Sie sind in Notfällen da, um Kinder und Enkel zu unterstützen, leben aber ihr eigenes Leben und versuchen nicht, das Leben ihrer Familie zu dominieren. Häufig sind sie die Verbündeten der Enkel, versuchen, ihnen Mut zuzusprechen und ihr Zutrauen zu stärken. Gleichzeitig sind sie fern genug, um die Mütter nicht in einem stetigen Stress von gleichzeitigem Mutter- und Tochtersein zu bringen, wie es das Leben unter einem Dach oft verursacht hat.

Auch die Frage, inwieweit sie sich zur Hilfe für die jungen Familien einbinden lassen, wird von Omas heute sehr unterschiedlich beantwortet. Gerade die Frauen, die ihr Leben lang für eine eigene Erwerbstätigkeit kämpfen mussten und diese gegen große gesellschaftliche Widerstände durchgesetzt haben, wollen sie auch nicht für die Enkel aufgeben oder einschränken. Gleichzeitig genießen es einige dieser Frauen sehr, engen Kontakt zu kleinen Kindern zu haben. Ebenso wollen Frauen, die sich ihr Leben lang um Mann und Kinder gekümmert haben, häufig nicht noch einmal in die vollzeitige Kinderpflege einsteigen. Die Rolle der

Thomas Schmid

Maximilian und die verrückteste Leihoma der Welt

Oetinger

versorgenden Großmutter wird von diesen Frauen so nur in eingeschränktem Maße ausgeübt. Andere wiederum übernehmen mit großer Selbstverständlichkeit die zeitintensive Betreuung ihrer Enkelkinder. So kommt es, dass 60 Prozent der Großmütter ihre Enkelkinder regelmäßig betreuen.[60] Sie unterstützen damit auch ihre Töchter und Schwiegertöchter, damit diese erwerbstätig sein können, wobei die Großmütter mütterlicherseits sich stärker in der Enkelbetreuung engagieren, als die Mütter der Väter.[61]

Schwieriger ist das Verhältnis dann, wenn die Großmutter selbst Hilfe und Pflege braucht. Wenn auch viele Familien ihre Verantwortung für die pflegebedürftige Oma übernehmen, so können Omas heute nicht immer damit rechnen, im Pflegefall zu Hause oder im Heim von ihrer Familie umsorgt zu werden. Als ein weiteres Problem benennen Omas, gerade für den Kontakt zu älteren Enkeln, fehlendes Geld. Nicht nur junge Familien, auch Omas sind von der gesellschaftlichen Teilhabe ausgeschlossen, wenn sie es sich nicht leisten können, ihren Enkeln ein Eis oder einen Zoobesuch zu spendieren. Aus Scham ziehen sich daher Omas, die finanziell schlechter gestellt sind, häufig von ihren Enkeln zurück.

Wo der Kontakt zu den Großeltern aus räumlichen oder familiären Gründen nicht gut oder eng genug ist, übernehmen »Leihomas« viele Aufgaben. Solche »Oma-Hilfsdienste« gibt es inzwischen in fast jeder größeren Stadt, und auch in Kinderbüchern kommen sie schon vor, wie bei »Maxmilian und die verrückteste Leihoma der Welt« (von Thomas Schmid, Hamburg 2006). Auch ohne eine offizielle Vermittlung ergeben sich in den Städten und auf dem Land häufig Situationen, in denen ältere Menschen zu Großeltern für Kinder werden, die nicht mit ihnen verwandt sind.

Ein großes Problem für Großmütter wird die Beziehung zu den Enkeln dann, wenn die mittlere Generation sich trennt. Großeltern väterlicherseits verlieren oft ganz den Kontakt zu den Enkelkindern, wenn diese noch sehr klein sind und bei der Mutter aufwachsen. Aus diesem Grund kämpft inzwischen eine »Großelterninitiative« um eigenständige Besuchsrechte für Großeltern von Scheidungskindern.

Die Zeiten ändern sich und machen auch vor der Oma nicht halt. Doch Erinnerungen und Ideale wirken fort. Auch heute noch lesen Omas ihren Enkeln etwas vor – etwa von der lieben Alten mit den schlohweißen Locken und Lavendelduft. Und schmunzeln.

„Ältere Frauen definieren sich schon lange nicht mehr nur über ihre Rolle als Großmutter"

Interview mit Prof. Dr. Dr. h.c. Ursula Lehr

Die Psychologin Ursula Lehr gründete 1986 in Heidelberg im Auftrag der Landesregierung von Baden-Württemberg das Institut für Gerontologie und 1995 das Deutsche Zentrum für Alternsforschung (DZFA), eine Stiftung öffentlichen Rechts des Bundes und Baden-Württembergs. Von 1988 bis Anfang 1991 war sie Bundesministerin für Jugend, Familie, Frauen und Gesundheit.

Intensiv haben Sie sich mit dem Phänomen des Alterns in der Gesellschaft auseinandergesetzt und die Forschung zu diesem Thema entscheidend vorangetrieben. Aus heutiger Perspektive: Welchen Stellenwert hat die »Generation Großmutter« in der Gesellschaft?

Lehr: Auf diese Frage kann es keine eindeutige Antwort geben. Von einer homogenen Generation zu sprechen, greift deutlich zu kurz. Selbstverständlich besteht auch im Alter eine große Diversität unter den Menschen, die sich folglich nicht mit einem Begriff verabsolutieren lassen. Überhaupt suggeriert die Rede von der »Generation Großmutter« eine völlig falsche Selbstwahrnehmung älterer Frauen. Zum einen sinkt die Zahl der Großmütter beständig und selbst für den Fall, dass es Enkelkinder gibt, verhindern oft räumliche Distanz und Zeitprobleme ein Ausleben der Rolle als »Oma«. Zum anderen definieren sich ältere Frauen heute schon lange nicht mehr nur über ihre Rolle als Großmutter.

Wie hat sich die Wahrnehmung der älteren Generation über die letzten Jahrzehnte geändert?

Lehr: Die Wahrnehmung der älteren Generation hat sich merkbar verändert. Noch vor geraumer Zeit war der Begriff Alter mit Gedanken an Abbau und Verlust verbunden. Entscheidend ist nicht der Prozess des Alterns an sich, sondern die Art und Weise, wie man das Leben gestaltet und seine Fähigkeiten und Erfahrungen einsetzen kann.

Welchen besonderen Beitrag können ältere Menschen leisten? Welches einzigartige Potenzial liegt im Alter?

Lehr: Ältere Menschen leisten nicht nur einen besonderen, sondern auch einen sehr großen Beitrag für die Gesellschaft. Ohne ihr bürgerschaftliches Engagement läge das Gemeindeleben vielerorts brach. Ihre oft ehrenamtliche Tätigkeit bewahrt z.B. soziale Einrichtungen vor der Schließung oder schafft überhaupt erst neue Möglichkeiten der Betreuung, Förderung oder Beratung. Über 50% der 60-jährigen und älteren engagieren sich in der Gesellschaft. Viele sind allerdings auch im privaten Rahmen tätig und entlasten durch die Übernahme von Aufgaben in der Kinderbetreuung und im Haushalt viele Familien, die durch die Berufstätigkeit beider Eltern stark eingespannt sind. Ohne die Hilfe der Älteren könnten einige Familien nur bedingt »funktionieren«. Allerdings kommt der freiwillige Einsatz nicht zuletzt den Senioren selbst zu Gute. Auf diese Weise bleiben sie körperlich und geistig fit und erhalten ihre sozialen Kontakte.

Es gibt inzwischen zahlreiche Angebote, die sich dezidiert an die »Silver Generation« wenden, und den Forderungen älterer Menschen nach einem aktiven und vielseitigen Lebensstil entgegenkommen. Hat sich dadurch auch das Selbstverständnis der älteren Generation verändert?

Lehr: Eine Veränderung im Selbstverständnis der älteren Generation ist auf jeden Fall zu erkennen. Allerdings ist dies ein Prozess der Selbstwahrnehmung, der individuell stattfindet.

Wie gehen speziell Frauen mit dem Thema Altern um? Konkret: Wie definieren sich Großmütter von heute?

Lehr: Andersherum gefragt: Wie definieren sich 30-jährige von heute? Darauf gibt es genauso wenig eine Antwort wie auf die Frage nach dem Selbstverständnis der Großmutter von heute. Ältere Frauen lassen sich in ihrem Umgang mit ihren Enkeln und der Familie nicht in Schemata einfügen – jede Frau beschreitet den Weg für sich und nach ihren Maßstäben.

Warum ist es aber gerade für die Kinder dieser Generation oft schwer, die Selbstverwirklichung im Alter (die nicht selten als Egoismus wahrgenommen wird) zu akzeptieren und sich vom Bild der nur für die Familie existierenden Großmutter zu verabschieden? Entsteht an dieser Stelle ein neuer Generationenkonflikt?

Lehr: Entscheidend ist, dass für die »Kinder von heute« gar kein typisches Bild der Großmutter mehr existiert. Sie brauchen sich also nicht von einem Bild zu verabschieden. Die meisten Kinder erwarten gar nicht, dass die Großmutter sich für die Familie aufopfert und dahinter zurücksteht. Ein Generationenkonflikt ist an dieser Stelle also nicht zu erwarten. Eher im Gegenteil: Die Beziehungen zwischen den Generationen sind derzeit so gut wie nie zuvor. Anders als vor 50 Jahren stehen Großmütter, Kinder und Enkel in einem betont freundschaftlichen Verhältnis und gehen offen miteinander um – das fördert den Austausch und vermeidet Konflikte.

Im Übrigen ist das Konzept »Selbstverwirklichung« weitgehend unabhängig von der Altersfrage, es ist eher eine Sache der Persönlichkeit. Entweder ein Mensch versucht sein ganzes Leben lang bestimmte Werte und Ziele zu erreichen – oder er irrt ziellos durch sein Leben.

Demografische Entwicklungsstatistiken zeigen schon seit den 1970er Jahren, dass die Gesellschaft zunehmend altert. Gleichzeitig verstärkt sich das Problem der Altersarmut und auf dem Arbeitsmarkt sind ältere Menschen schlecht integriert. Was muss sich ändern, um dem gesellschaftlichen Wandel Rechnung zu tragen?

Lehr: Grundsätzlich ist es erforderlich, das Bild des Alters zu verändern. Das »Alter« darf nicht mitten im Leben beginnen. Es ist doch eine eigenartige und sicher nicht wünschenswerte Vorstellung, ein Viertel unseres Lebens als Rentner zu verbringen. Es muss in allen Bereich der Gesellschaft eine Umdenken stattfinden, in das veränderte und erweiterte Möglichkeiten und Potenziale älterer Menschen miteinbezogen werden.

Trotz eindeutiger demografischer Entwicklungen hin zu einer älteren Gesellschaft scheint das Thema Alter in Kultur und Gesellschaft bisher kaum ein Gegenstand von Interesse gewesen zu sein. Man denke nur an den Film »Wolke Neun«, der vor kurzem das Thema Sexualität und

Alter thematisiert und für viele Diskussionen gesorgt hat. Ist ein solcher Film die Avantgarde einer neuen Deutungskultur oder bleibt das Thema Alter und Sexualität für die Öffentlichkeit auch in Zukunft uninteressant?

Lehr: Alter, Sexualität und Partnerschaft sind Selbstverständlichkeiten des Lebens. Es besteht kein Bedarf darüber zu reden. Eben so wenig wie über Sexualität und 40-jährige gesprochen werden muss. Dies sind normale Aspekte des alltäglichen Lebens, die zu keinem Zeitpunkt im Leben einer besonderen, öffentlichen Diskussion bedürfen.

Zum Schluss eine persönliche Frage: Wie würden Sie sich selbst als Großmutter beschreiben und was sagen Ihre Enkel über ihre Oma?

Lehr: Hierzu nur so viel: Im vergangenen Jahr habe ich zwei meiner Enkelkinder mit auf eine Reise nach Malaysia eingeladen. Nach unserer Rückkehr bekam ich von den beiden eine Tasse geschenkt – mit der Aufschrift: »Meine Oma ist die Beste!«

Großmütter früher und heute
– eine Bildergalerie

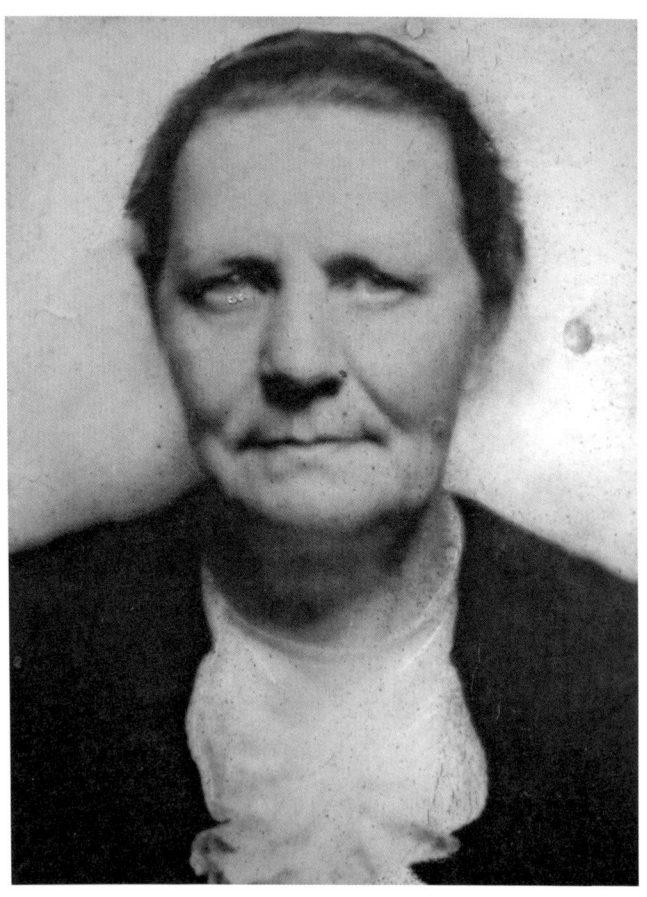

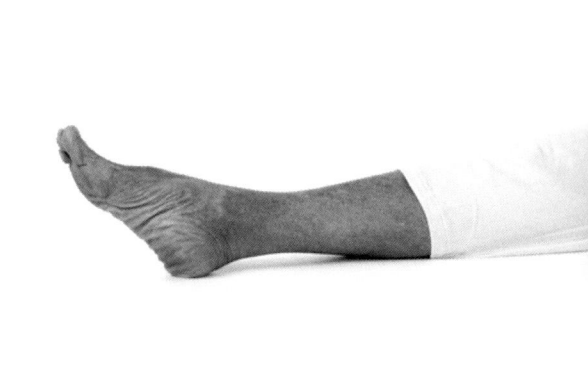

Anhang

Anmerkungen

1   Vgl. Voland, Eckart/ Chasiotis, Athanasios/ Schiefenhovel, Wulf, In-
    troduction. Grandmotherhood. A Short Overview of Three Fields
    of Reserach on the Evolutionary Significance of Postgenerative Fe-
    male Life, in: ders. (Hg.), Grandmotherhood. The Evolutionary Si-
    gnificance of the Second Half of Female Life, New Brunswick 2005,
    S.1-19.

2   Vgl. Lahdenperä, Mirkka u.a., Fitness Benefits of Prolonged Post-
    reproductive Lifespan in Women, in: Nature 428 (2004), S.178-181,
    hier: S.178.

3   Vgl. Gestrich, Andreas/ Krause, Jens-Uwe / Mitterauer, Michael, Ge-
    schichte der Familie im 19. und 20. Jahrhundert, München 1999,
    S.76.

4   Vgl. Chvojka, Erhard, Geschichte der Großelternrollen vom 16.-20.
    Jahrhundert, Wien 2003, S. 98.

5   Vgl. Müller-Wiegand, Daniela, Vermitteln, Beraten, Erinnern. Funk-
    tionen und Aufgabenfelder von Frauen in der ottonischen Herr-
    scherfamilie (919-1024), Kassel 2003, S.290 und S.293.

6   Vgl. Matthias Zender, s.v. Heilige Anna, in: Theologische Realenzy-
    klopädie 2 (1978), Sp. 752-755, hier: Sp. 753.

7   Vgl. Bolczyk, Camillus, St. Annaberg - Geschichte des berühmten
    Wallfahrtsortes im Herzen Oberschlesiens, Breslau 1926, S.20 und
    37.

8   Vgl. Sauser, Ekkart, s.v. Heilige Anna, in: Biographisch-Bibliogra-
    phisches Kirchenlexikon 15 (1999), Sp. 34-36.

9   Vgl. Gestrich, Andreas / Kraus, Jens Uwe / Mitterauer, Michael, Ge-
    schichte der Familie, Stuttgart 2003, S.387.

10 Vgl. Chvojka, Geschichte der Großelternrollen vom 16.-20. Jahr-
    hundert, S. 51.

11 Gestrich/Kraus/Mitterauer, Geschichte der Familie, S.636.

12 Vgl. Ennulat, Gertrud, Die Großmutter im Märchen, in: Heindricks,
    Ursula /Heindricks, Heinz-Albert (Hg.), Alter und Weisheit im Mär-
    chen. Forschungen aus der Welt der Märchen, Kreuzlingen 2000,
    S. 76-88 sowie Gobrecht, Barbara, Alt und/oder weise? Hexen im
    Märchen, in: Ebd., S. 123-128.

13 Vgl. Krusenstjern, Benigna von, Schreibende Frauen in der Stadt
    der Frühen Neuzeit, in: Hacke, Daniela (Hg.), Frauen in der Stadt.
    Selbstzeugnisse des 16.-18. Jahrhunderts, Ostfildern 2004, S. 41-
    58.

14 Vgl. Lutz, Alexandra, Ehepaare vor Gericht. Konflikte und Lebens-
    welten in der Frühen Neuzeit, Frankfurt 2006, S.340.

15 Vgl. Voland, Eckart/ Beise, Jan, Schwiegermütter und Totgeburten. Eine evolutionspsychologische Analyse von Kirchenbuchdaten aus der ostfriesischen Krummhörn des 18. und 19. Jahrhunderts, in: Zeitschrift für Sozialpsychologie 35 (2004), S.171-184.

16 Vgl. Frankfurter Rundschau, Eltern der Mütter haben mehr Kontakt zu Enkeln, 4.1.2008, S.12.

17 Vgl. Schnegg, Brigitte, Tagebuchschreiben als Technik des Selbst. Das Journal des mes actions der Bernerin Henriette Stettler Herport, in: Hacke, Daniela (Hg.), Frauen in der Stadt. Selbstzeugnisse des 16.-18. Jahrhunderts, Ostfildern 2004, S. 103-130, hier: S. 112.

18 Vgl. Chvojka, Geschichte der Großelternrollen vom 16.-20. Jahrhundert, S. 123.

19 So in der Autobiographie von Johann H.W. Tischbein (1751-1829), in: Chvojka, Geschichte der Großelternrollen vom 16.-20. Jahrhundert, S. 165.

20 Zitiert nach: Chvojka, Geschichte der Großelternrollen vom 16.-20. Jahrhundert, S.134.

21 Vgl. Bitter, Carl Hermann, Bericht über den Notstand in der Senne zwischen Bielefeld und Paderborn, Regierungsbezirk Minden und Vorschläge zur Beseitigung derselben, aufgrund örtlicher Untersuchungen dargestellt (1853), in: Jahresbericht des Historischen Vereins für die Grafschaft Ravensberg 64 (1965), zitiert nach: Gestrich/ Kraus/ Mitterauer, Geschichte der Familie, S. 91.

22 Vgl. Chvojka, Geschichte der Großelternrollen vom 16.-20. Jahrhundert, S. 239.

23 Ebd., S. 168.

24 Ebd., S. 143.

25 Ebd., S. 216.

26 Vgl. Charles Perrault, Le petit Chaperon Rouge, Paris 1986, S. 7.

27 Vgl. Gleixner, Ulrike, Familie, Traditionsstiftung, und Geschichte im Schreiben von pietistischen Frauen, in: Hacke, Daniela (Hg.), Frauen in der Stadt. Selbstzeugnisse des 16.-18. Jahrhunderts, Ostfildern 2004, S.131-163, hier: S.148f.

28 Hirschmanner, Josefa, Sie konnte wunderbar erzählen, in: Chvojka, Erhard (Hg.) Großmütter. Enkelkinder erinnern sich, Wien 1992, S. 113-117, hier: S.114.

29 Němcová, Božena, Großmutter. Bilder aus dem ländlichen Leben, München 2005, S. 12.

30 Vgl. Mann, Thomas, Little Grandma. Erinnerungen an Hedwig Dohm, Princeton 1942.

31 Franz, Obergottsberger, ...das Lied meines Lebens, in: Chvojka, Erhard (Hg.) Großmütter. Enkelkinder erinnern sich, Wien 1992, S. 28-35, hier: S.30.

32 Vgl. Krockow, Christian Graf von, Zu Gast in drei Welten. Erinnerungen, Stuttgart 2000, S. 37.

Anmerkungen

33 Ihre Erfahrungen bilden die Grundlage für ihren Roman »Die größere Hoffnung« (1948).

34 Vgl. Bock, Gisela, Zwangssterilisation im Nationalsozialismus. Studien zur Rassenpolitik und Frauenpolitik, Opladen 1986, S. 462-465.

35 Vgl. Harvey, Elisabeth, Women and the Nazi East. Agents and Witnesses of Germanization, New Haven 2003, S. 78-118.

36 Vgl. Beuys, Barbara, Familienleben in Deutschland. Neue Bilder aus der deutschen Vergangenheit, Reinbek 1980, S. 478.

37 Vgl. Maubach, Franka, Expansion weiblicher Hilfe, in: Steinbacher, Sybille (Hg.), Volksgenossinnen. Frauen in der NS-Volksgemeinschaft, Göttingen 2007, S. 93-111.

38 Vgl. Brockhaus, Gudrun, Lockung und Drohung. Die Mutterrolle in zwei Ratgebern der NS-Zeit, in: Gebhardt, Miriam/ Wischermann, Clemens (Hg.), Familiensozialisation seit 1933 – Verhandlungen über Kontinuität, Stuttgart 2007, S.49-68, hier: S.50.

39 Krockow, Christian Graf von, Die Stunde der Frauen, Stuttgart 1988. Krockows Erinnerungen lieferten die Grundlage zu dem zweiteiligen ARD-Spielfilm »Die Flucht« (2007) mit Maria Furtwängler in der Hauptrolle.

40 Kästner, Erich, Doktor Erich Kästners lyrische Hausapotheke, Hamburg 1988, S. 206.

41 Thomas Bentz im Interview mit der Süddeutschen Zeitung, »Es gibt Menschen, die den Unterschied schmecken«, www.sueddeutsche.de/wirtschaft/815/441556/text/, 7.5.2008.

42 Vgl. Sieder, Reinhard, Sozialgeschichte der Familie, Frankfurt 1987, S. 354.

43 Vgl. Harsch, Donna, Revenge of the Domestic. Women, the Family, and Communism in the German Democratic Republic, Oxford 2007, S.89.

44 Schönfeldt, Sybil, Die Großmutter und ihr Enkelkind, Berlin 1975, S. 83.

45 Vgl. ebd.

46 Ecarius, Jutta, Familienerziehung im historischen Wandel. Eine qualitative Studie über Erziehung und Erziehungserfahrungen von drei Generationen, Opladen 2002, S. 209.

47 Ebd., S. 210.

48 Vgl. ebd. S.210-213.

49 Boie, Kirsten, Opa steht auf rosa Shorts, Hamburg 1988, S.119.

50 Vgl. Kitzinger, Sheila, Großmutter werden, München 1997; siehe auch: Richter, Ursula, Was heißt hier Oma? Das Selbstverständnis der Großmütter von heute, Stuttgart 1994; Kremer, Hildegard, Die neuen Großmütter. Anregungen für eine neue Rolle im Leben, Düsseldorf 2001.

51 Vgl. Kertzer, David E./ Barbagli, Marzio (Hg.), Family Life in the Twentieth Century, Yale 2003, S. 364; siehe auch: Herlyn, Ingrid u.a., Großmutterschaft im weiblichen Lebenszusammenhang, Pfaffenweiler 1998, S.11-14; Hank, Karsten /Buber, Isabella, Grandparents Caring for Their Grandchildren: Findings from the 2004 Survey of Health, Aging and Retirement in Europe, Mannheim Research Institute for the Economics of Aging, 127 (2007), S.2.

52 Vgl. Uhlendorff, Harald, Großeltern und Enkelkinder. Sozialwissenschaftliche Perspektiven und Forschungsergebnisse hinsichtlich einer selten untersuchten Beziehung, in: Psychologie in Erziehung und Unterricht 50(2003), S 111-128, S. 113.

53 Vgl. www.zeit.de/online/2008/51/interview-grosseltern, 23.12.2008.

54 Rose: »Am Ende weiß man nur selber, wie weit der Weg war, den einen die eigenen Füße getragen haben«, www.jetzt.sueddeutsche.de/texte/anzeigen/396071, 28.8.2007.

55 Vgl. www.zeit.de/online/2008/51/interview-grosseltern, 23.12.2008.

56 www.bundesregierung.de/Content/DE/Magazine/emags/evolop/056/t1-aids-grossmuetter.html. Es gibt bereits eine eigene Hilfsorganisation, die diese »stille Heldinnen« Afrikas unterstützt: http://www.jede-oma-zaehlt.de/wer.html

57 Vgl. Hank, Grandparents, S.2.

58 Vgl. Sieder, Sozialgeschichte der Familie, S. 357.

59 Vgl. Bylow, Christina, Generation Grossmutter. 18 Portraits eigenwilliger Frauen, München 2007, S. 7.

60 Vgl. http://www.sueddeutsche.de/wissen/513/428268/text/, 12.05.2009.

61 Vgl. Uhlendorff, Großeltern, S. 113.

Lesetipps

Voland, Eckart/ Chasiotis, Athanasios /Schivenhovel, Wulf (Hg.), Grand-motherhood. The Evolutionary Significance of the Second Half of Female Life, New Brunswick 2005.

Chvojka, Erhard, Geschichte der Großelternrollen vom 16.-20. Jahrhundert, Wien 2003

Ennulat, Gertrud, Die Großmutter im Märchen, in: Heindricks, Ursula /Heindricks, Heinz-Albert (Hg.), Alter und Weisheit im Märchen. Forschungen aus der Welt der Märchen, Kreuzlingen 2000, S. 76-88

Uhlendorff, Harald, Großeltern und Enkelkinder. Sozialwissenschaftliche Perspektiven und Forschungsergebnisse hinsichtlich einer selten untersuchten Beziehung, in: Psychologie in Erziehung und Unterricht 50(2003), S 111-128.

Bylow, Christina, Generation Grossmutter. 18 Portraits eigenwilliger Frauen, München 2007.

Lehr, Ursula, Psychologie des Alterns, 10. Aufl., Heidelberg 2003.

Weblinks

www.nar.uni-heidelberg.de – Netzwerk Alternsforschung

www.dggg-online.de – Deutsche Gesellschaft für Gerontologie und Geriatrie

Abbildungsverzeichnis

Bundesarchiv, Berlin: S. 63

Archiv der sozialen Demokratie der Friedrich-Ebert-Stiftung: S. 51, 52, 62, 118, 119

AKG Images: S. 26, 31, 51, 78, 84

Ullstein Bild: S. 72 (Eckelt/CARO)

Wikimedia commons: S. 9, 14, 19, 20, 22, 25, 39, 40, 43, 44, 70, 88, 92, 128

J. Haubold-Stolle: Titelbild, S. 34

Ravensburger Verlag: S. 77

Pixelio: S. 96 (Ute Pelz), 126 (Groundzero), 130

X-Filme: S. 100

Oetinger Verlag: S. 101

Landschaftsverband Westfalen-Lippe: S. 68

Vergangenheitsverlag: restliche Bilder